어린이를 위한 뇌과학 프로젝트

기획 **정재승** | 글 **정재은 이고은** | 그림 **김현민**

아울북

차례

〈인간 탐구 보고서〉를 시작하며 **6**
　청소년들에게 '호모 사피엔스 뇌의 경이로움'을 일깨워 주었으면

등장인물 소개 **12**

프롤로그 **16**
　달갑지 않은 손님
　지구에서 좋은 이웃이 되려면?!

뇌가 말랑해지는 시간 **102, 138**

샤포이 타임즈, 5권 미리보기 **159**
　지구를 방문한 어느 외계인의 기록

1 **자동 설정, 게임 모드** ……… **28**
　사춘기 지구인과 대화하는 법
　　보고서 20 지구인들은 쉽게 중독된다

2 **유니의 우정 귀걸이** ……… **49**
　사춘기 지구인은 무리에 속하기 위해 애쓴다
　　보고서 21 지구인들에게는 친구가 중요하다

3 **점심시간 축구 시합** ……… **65**
　사춘기 지구인의 슬기로운 학교 생활
　　보고서 22 지구인들은 긍정을 긍정하고 부정을 부정한다

4 라후드의 새로운 아르바이트 ⋯⋯⋯⋯ 85
　갑자기 싸우고 갑자기 화해하는 지구인들
　　보고서 23　사춘기 지구인은 때로 폭력적이다

5 위험천만 스케이트보드 대결 ⋯⋯⋯⋯ 103
　이성적 판단이 마비되는 순간
　　보고서 24　지구인들은 위험한 행동을 일삼는다

6 보스의 인생을 바꾼 멘토 ⋯⋯⋯⋯ 119
　무턱대고 접근하는 지구인을 조심하라
　　보고서 25　지구인들의 심리적, 물리적 거리에 관하여

7 아싸와 유니의 고민 상담 ⋯⋯⋯⋯ 139
　누구에게나 고민은 있다

펴내는 글

<인간 탐구 보고서>를 시작하며

청소년들에게 '호모 사피엔스 뇌의 경이로움'을 일깨워 주었으면

어린이와 청소년들에게 단 한 권의 책을 읽혀야 한다면, 그것은 '우리들에 대한 과학'이어야 한다고 생각합니다. 우리 인간이 왜 이렇게 행동하고 생각하는지 '마음의 과학'을 일러 주어야 한다고 말입니다. 어린 시절 우리가 무척 궁금해하고 고민하는 대부분의 것들은 바로 나와 가족, 친구들, 그리고 이웃들의 마음에서 비롯된 것들이니까요.

왜 엄마가 하지 말라는 행동은 더 하고 싶은 걸까요? 아빠가 형이나 오빠를 더 챙기면 질투가 나서, 왜 형까지 미운 걸까요? 왜 시험 때만 되면 교과서 말고 다른 책들이 더 읽고 싶어지는지, 왜 좋아하는 여학생은 더 잘 대해 주어야 하는데 오히려 놀리고 싶은지, 정말 궁금하지요.

어린이들에게 마음의 과학을

마음을 탐구하는 학문인 뇌과학과 심리학은 인간의 사고, 판단, 행동에 대한 가장 흥미로운 설명을 우리들에게 들려줍니다. 지난 150년간 신경과학자들과 심리학자들은 '인간 뇌가 어떻게 작동하여 마음

이란 걸 만들어 냈는지' 꽤 많은 걸 밝혀냈습니다. 초등학교와 중학교에 다니는 학생들에게 다른 나라 언어나 복잡한 수학 공식을 가르쳐 주는 것도 필요하지만, '마음의 과학'을 가르쳐 주는 것이 가장 중요합니다. 나는 누구이며, 우리는 어떤 존재인지, 인간사회는 왜 이렇게 돌아가는지에 대해 과학자들이 밝혀낸 사실들을 아이들에게 알려 주어야 합니다. 그게 우리에게 진짜 유익한 지식이니까요.

그런데 놀랍게도, 우리나라는 고등학교를 졸업할 때까지 뇌과학이나 심리학을 배울 기회가 거의 없습니다. 생물 시간에 잠깐, '우리 뇌는 뉴런이라는 신경 세포들이 시냅스로 연결된 거대한 그물망(네트워크)이며, 뉴런들이 서로 전기 신호를 주고받으면서 놀라운 정신 작용을 만들어 낸다.'는 것 외에는 세상이 아이들에게 '뇌와 마음'에 대해 가르쳐 주지 않습니다.

제게는 딸 셋이 있습니다. 초등학교에 다니는 저희 딸아이들을 위해 제가 책을 한 권 낼 수 있다면, '어린이와 청소년들을 위한 뇌과학' 책이어야 한다고 생각했습니다. 그렇게 해서 이 책이 탄생하게 됐습니다. 무려 10년 전부터 준비했던 이 책이 여러 우여곡절을 거쳐 드디어 근사한 모습으로 빛을 보게 된 것입니다. 바라건대, 이 책이 혼란스러운 어린 시절과 고민 많은 사춘기를 관통하게 될 모든 10대들에게

'나에 대한 친절한 가이드북'이 되었으면 합니다. 뇌과학과 심리학이 그들을 유익한 방황과 진지한 성찰로 인도해 줄 겁니다.

인간의 일상을 낯설게 관찰하기

이 책은 외계인의 시선으로 인간을 탐구하는 흥미로운 이야기입니다. 아우레 행성으로부터 외계 생명체 아싸, 바바, 오로라, 라후드가 지구로 찾아옵니다. 아우레에서 더 이상 살 수 없게 되자, 이주할 외계 행성을 찾기 위해 지구에 파견 온 그들은 지구의 지배자인 인간들을 관찰합니다. 우리 인간들을 물리치고 지구를 점령할지, 인간들과 공존하며 지구에서 함께 살지 알아보기 위해 말입니다.

호모 사피엔스를 처음 만난 아우린들에게는 인간의 모든 행동 하나하나가 흥미로운 관찰 대상입니다. 얼굴에 옹기종기 모여 있는 눈, 코, 입의 형상에 지나치게 집착하는 것도 흥미롭고, 기억력도 자신들에 비해 부실하고, 불쑥불쑥 화를 내며 충동 억제를 잘 못하는 인간들이 그저 신기하기만 합니다. 그러면서도 그들은 자신들을 '현명한 동물(Homo sapiens, 호모 사피엔스)'이라고 부르니 말입니다. 전혀 합리적으로 행동하지 않는 우리 호모 사피엔스들이 그들에겐 그저 어리석게만 보일 뿐입니다. 하지만 그들이 우리를 점점 알아 가면서 우리 인

간들의 장점도 파악하겠지요? 기대해 봅니다.

  아이들은 이 책의 첫 페이지를 열면서 외계인의 시선으로 인간을 바라보는 생경한 경험을 하게 될 것입니다. 아싸와 아우레 탐사대처럼 인간을 관찰한 후 '탐구 보고서'를 아우레 행성으로 보내는 과정에 동참할 것입니다. 이 과정을 통해 아이들은 우리들의 평범하고 당연한 일상을 낯설게 바라보는 경험을 하게 될 것입니다. 마치 우리가 곤충을 관찰하고 기록 일기를 쓰듯이, 인간의 일상을 관찰하고 탐구 보고서를 쓰면서 우리를 돌아보게 될 것입니다.

인간이라는 사랑스럽고 경이로운 생명체

  그 과정에서 아이들은 우리 인간을 비로소 '이해'하게 될 것입니다. 외계 생명체 라후드처럼 '인간은 정말 이해 못 할 이상한 동물'이라고 여겼다가, 점점 우리들을 이해하게 될 것입니다. 방금 본 것도 잘 기억하지 못할 정도로 호모 사피엔스의 기억 중추는 턱없이 부실하지만, 그렇기에 우리는 부실한 기억 중추를 만회하려고 '반드시 기억해야 할 것이 무엇인지, 소중한 것이 무엇인지 판단하는 능력'을 얻게 됐는데, 그것이 우리를 더 근사한 존재로 만든다는 것을 깨닫게 되지요. 친구가 산 옷이면 나도 사고 싶고, 형이 먹는 걸 보면 배가 고프지 않아도 나도 먹고 싶고, 동생이 우는 것만 봐도 나도 그냥 눈물이 날 정도로 우리 인간들은 '이상한 따라쟁이'입니다. 하지만 그 덕분에 다른 사람의 감정에 공감하며 슬픔을 함께 극복하고 힘든 역경을 이겨 낼 수 있다는 걸 깨닫게 됩니다. 아싸와 아우레 탐사대가 그렇듯, 우리 어린이들도 이 책을 읽으면서 인간 존재의 신비로움을 깨닫게 될 것입니다.

그러면서 결국 외계 생명체 아우린들이 '인간이 얼마나 사랑할 만한 존재'인지 알아주었으면 합니다. 무지 비합리적이고 종종 충동적이며 때론 폭력적이기까지 한 존재이지만, 인간 내면의 실체를 모두 알게 되면, 우리 호모 사피엔스가 얼마나 사랑스러운 존재인지 깨달았으면 좋겠습니다. 아우레 행성의 외계 생명체들이 제발 우리를 지배하려 하지 말고, 우리 인간들의 사랑스러운 매력에 빠져 주길 희망합니다.

무엇보다도, 인간의 뇌는 이성과 감성이라는 두 말이 이끄는 쌍두마차로서, 우리가 사는 세상을 좀 더 근사한 곳으로 만들기 위해 끊임없이 애쓰는 경이로운 기관임을 그들이, 아니 어린 독자들이 알아주었으면 합니다. 우리는 과학이라는 정교한 현미경을 가지고 있으면서도, 동시에 예술이라는 풍성한 악기도 가지고 있는 놀라운 생명체라는 사실 말입니다. 바티칸 시스티나 성당의 '천지창조'를 그릴 정도로

풍부한 감성을 가졌으면서도, 동시에 우주가 빅뱅에 의해 138억 년 전에 탄생했다는 사실을 밝혀낸 이성적인 존재라는 사실 말입니다.

인간의 숲으로 도전적인 탐험을!

인간의 실체가 모두 속속들이 밝혀질 때까지, 아싸와 아우레 탐사대의 '인간 탐구 보고서'는 아우레 행성을 향해 끊임없이 발신될 것입니다. 호모 사피엔스의 뇌가 가진 경이로운 능력, 사랑스러운 매력이 외계 생명체들에게 충분히 이해될 때까지 보고서는 결코 멈추지 않을 것입니다. 그 과정에서 우리 어린이들 또한 인간에 대한 이해가 깊어지겠지요? 외계 생명체 아우린들이 흥미롭게 써 내려간 '인간 탐구 보고서'에서 어린이들과 청소년들이 나를 발견하는 놀라운 경험을 하게 되길 진심으로 기대합니다. 사실 인간 탐구 보고서는 인간 사회를 지배하기 위해 아우레 행성의 정복자들이 작성한 무시무시한 보고서가 아니라, 인간이라는 숲을 탐색하는 외계 탐험가의 도전적인 보고서이기 때문입니다. 자, 이제 그들의 인간 탐험을 흥미롭게 함께해 주시길!

정재승 (KAIST 뇌인지과학과+융합인재학부 교수)

등장인물 아우레인

우주 최고의 천재 과학자.
혼자 있는 걸 무척 즐기지만,
이상하게 가만히 있기만 해도 지구인들이 몰려든다.
주머니에 손을 넣은 채 슬픈(?) 표정으로
걸어 다니는 모습이 지구인들의
보호 본능을 자극하는 것 같다.
요즘은 대원들에게도 말 못 할 고민이 생겼다.
도대체 무슨 고민이기에?!

아싸

아우레의 엔지니어이자 과학자.
비밀이 많은 수수께끼 같은 인물.
동글동글한 안경에 감춰진 눈빛은 꽤나 날카롭다!
지구에서 재미있는 일은 하나도 없다고 생각했지만
전혀 예상치 못한 취미를 갖게 된다.
임무까지 잠시 잊게 만드는
바바의 새로운 취미는?

바바

아우레 행성의 군인이자 본부의 가장.
깔끔한 성격과 날렵한 행동을 앞세워
하라하라 없이도 임시 본부를 유지하는 능력자.
최근 위니 원장의 푸념이 부쩍 늘어서
미용실 보조를 하러 온 건지
고민 상담을 해 주러 온 건지 모르겠다.
매우 냉정해 보이지만 의외로
지구인의 말을 잘 들어 준다.

오로라

외계문명탐구클럽의 회장.
힘이 무척 세서 양손으로 지구인
몇 명쯤 드는 건 일도 아니다.
탕탕면을 먹으며 드라마를 보는 시간이
가장 행복해진 아우린. 어느 날 루이에게서
이 두 가지를 맘껏 누릴 수 있는 꿈의 직장을
소개받는다. 과연 꿈은 이루어질까?

라후드

등장인물 지구인

유니

친구를 좋아하는 중학교 2학년.
단짝 친구인 수지, 서연과 함께
우정 귀걸이를 할 생각에 매우 설렌다.
요즘 들어 엄마의 잔소리가 무지무지 듣기 싫다.

수지

유니와 같은 반 친구.
매일 아침 유니와 함께 등교한다.
하고 싶은 대로 해야 하는 성격. 그 과정에서
친구들의 기를 팍 죽여 놓기도 한다.

위니 원장

사춘기 딸 때문에 고민이 많다. 자꾸 짜증만
내고 휙 돌아서는 딸에게 서운함이 가시지
않는다. 써니까지 사춘기가 되면 어떡하지?
어휴, 몰라. 떡볶이나 먹자.

보스

불의의 사고(?) 이후, 외계인을 끈덕지게
찾아다니는 돈 많은 사업가. 정 박사와는
아주 각별한 사이! 그와의 첫 만남을
떠올리며 눈물짓곤 한다.

혜성
유니네 반 친구. 조용하고 무심한 듯 보이지만, 은근히 눈에 띄는 타입. 각종 스포츠를 좋아하고, 운동에 관해서는 은근히 승부욕이 있다.

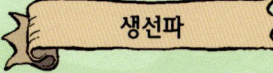

참치
루이의 동생 대호. 생선파의 두목. 경쟁심이 남다르다. 게임에 죽고, 게임에 사는 게임 중독자.

갈치
하늘을 향해 뾰쪽하게 세운 머리가 트레이드 마크이다. 성미가 매우 급한 편.

곰치
푸근한 표정이 곰치를 닮았다. 생선파의 평화주의자.

멸치
생선파 서열 꼴찌 현우. 친구들 무리에서 떨어지지 않기 위해 무척 노력한다.

꽁치
툭 튀어나온 앞니가 특징. 대호의 말이라면 무조건 따른다.

달갑지 않은 손님

지구에서 좋은 이웃이 되려면?!

바바의 말이 끝나기도 전에 오로라는 라후드의 스마트폰을 빼앗았다. 하라하라도 잃어버리고 아우레 행성과 통신마저 고장 난 지금, 탐사대원이 아프기라도 하면 큰일이다. 임무 완수는커녕 무사 귀환도 보장할 수 없으니.

"난 지금 임무 수행 중이다. 동영상을 보며 지구 문명을 탐구 중이다."

라후드는 불만을 터트렸다. 지구 문명의 영향을 너무 많이 받은 탓인지 라후드는 지구인처럼 스마트폰을 끼고 살았다.

"지구에서는 저런 증상을 스마트폰 중독이라고 한다."

라후드는 억울했다.

"중독이라니! 내가 지금 눈물을 흘리는 건 갑자기 공기가 나빠졌기 때문이다."

아싸는 당장 대기질을 확인했다.

역시나 소방차의 사이렌 소리가 요란하게 울렸다. 화재는 아우린 본부의 뒤쪽 동네에서 난 것 같았다. 지구인이라면 걱정 반, 호기심 반의 심성으로 뛰쳐나갈 것이다. 같은 동네에 사는 검은 양복은 정말로 뛰쳐나갔다. 작은 빌라 건물의 창밖으로 불길이 넘실거리는 것을 보고 발을 동동 구르며, 옆에서 구경하는 사람에게 물었다.

"안에 사람 없대요? 어쩌다 이런 일이!"

아우린들은 창문조차 열어 보지 않았다. 자신들과 관계없는 일에는 전혀 관심이 없었다.

루이는 이른 아침부터 자신을 찾아온 라후드가 고마웠다.

얼마 전 라후드네 집에 번개가 내리쳤을 때 루이도 도움을 주려고 찾아간 적이 있었다. 그때 퉁명스럽게 쫓아내기에 귀찮아하는 줄 알았는데, 이제 보니 라후드 씨는 도움을 받기보다는 주는 성격인 것 같았다. 루이는 이 기회를 놓칠세라, 얼른 라후드 씨에게 손을 내밀었다.

"좋은 이웃 라후드 씨, 부탁 하나만 해도 될까요?"

1

자동 설정,
게임 모드

사춘기 지구인과 대화하는 법

아우레 탐사대는 느닷없이 집 안에 침투한 지구인 때문에 분주해졌다.

문제의 지구인은 일단 1층 구석방에 가두었다.

오로라는 대호가 방에서 나오지 못하게 방문을 감시했다. 바바는 서둘러 외계인의 흔적을 숨겼다. 아싸는 지구인도 별별 떤다는 사춘기에 대하여 조사했다. 라후드는 창문으로 대호의 방을 몰래 들여다보았다.

위험한 지구인 대호는 텅 빈 방을 둘러보았다. 등골이 오싹했다. 아무리 평소에 안 쓰는 방이라지만, 어쩌면 가구 하나도 없을까. 대호는 차가운 벽에 몸을 기대고 스마트폰을 켰다.

'수상한 가족이야. 특히 그 아줌마, 눈빛이 사이코패스 같아. 애는 어떻고? 죽일 듯 쏘아보는 게…….'

대호는 검색창에 '사이코패스, 살인자' 따위를 쳐 보았다. 끔찍한 정보들이 줄줄이 떠올랐다. 하지만 몇 줄을 읽기도 전에 대호는 그만 곯아떨어졌다. 겨우 열다섯 살 어린 지구인에게는 정체 모를 두려움보다 지난밤에 못 잔 잠이 더 급했다.

그날도, 다음 날도 아우레 탐사대는 대호의 위험 정도를 분석할 수 없었다. 대호와 접촉해야 분석을 하고, 분석을 해야 위험도를 파악하고 대책을 세울 텐데, 통 접촉할 수 없었다. 대호가 방에 콕 박혀서 나오지 않기 때문이었다.

어떻게 하면 저 지구인과 자연스럽게 접촉할까? 오로라는 이 심각한 문제를 일으킨 장본인을 노려보며 물었다.

"라후드, 스마트폰에 좋은 방법이라도 나왔나?"

대호가 온 뒤에도 내내 스마트폰만 쳐다보던 라후드가 겨우 얼굴을 들었다.

"응, 아주 좋은 방법이 있어."

"무슨 방법?"

치킨이라니!

아우린들은 어이가 없었다.

치킨은 아우레 탐사대가 처음 맛본 지구 음식이었다. 죽은 닭의 고약한 냄새와 질기고 기름진 맛이 얼마나 충격적이었던지! 탐사대원들은 지금도 지구 음식 중 치킨을 가장 싫어한다. 라후드만 빼고.

라후드는 외계문명탐구클럽 회장답게 새로운 행성의 음식을 용감하게 받아들였다. 사실은 심심한 에너지 알약에 비해 다채로운 맛과 향과 질감이 살아 있는 지구 음식에 홀딱 빠져 있었다.

"정말 끔찍한 방법이군!"

오로라는 몸서리를 쳤다.

끔찍한 방법은 효과가 있었다. 치킨 먹으러 나오라는 소리에 드디어 대호가 거실로 나왔다. 하지만 자신을 분석할 기회는 주지 않았다.

"방에서 먹어도 돼요?"

대호는 치킨과 함께 조용히 방으로 사라졌다.

대호는 지금까지 만난 지구인들과 매우 달랐다. 아침마다 학교 가자며 찾아오는 써니나 곤란한 물건을 맡기러 오는 유니, 부침개를 들고 와 텔레비전까지 보고 가는 줍줍할매와는 너무 달랐다. 대호의 눈길은 언제나 스마트폰에 박혀 있었고, 아우린들에게 전혀 관심이 없었다.

"대호는 지금까지 만난 지구인 중 가장 아우린스럽다. 아우린과 어울려 살기에 적당할 가능성이 크다."

아싸는 대호의 위험성을 낮게 판단했다. 하지만 바바는 정반대였다.

"지구인답지 않게 접촉을 피하는 것이 수상하다. 내가 좀 더 관찰해 보겠다."

바바는 개 슈트로 갈아입고 대호가 있는 방으로 슬그머니 들어갔다.

바바는 임무를 위해 치킨을 두 조각이나 억지로 먹어 치웠다. 그러고는 슬금슬금 대호 곁에 엎드렸다.

"오구오구, 귀여워."

대호는 두 손으로 토토의 머리를 잡고 세 번이나 심하게 흔들었다. 바바는 거친 폭력성을 다시 한번 확인하고 속으로 치를 떨었다.

바바는 지구 음식은 다 싫었다. 하지만 대호의 의심을 사지 않으려고 이번에도 억지로 먹었다. 말캉하고 탱탱한 질감, 들쩍지근한 맛. 젤리는 바바가 지금까지 먹은 지구 음식 중 가장 맛이 좋았다. 가장 아우린스러운 음식이라고 할까!

"멍멍이도 형처럼 젤리 좋아하네."

대호는 토토의 등을 일곱 번이나 문질렀다. 그것도 매우 거칠게. 잠시 마음을 놓았던 바바는 다시 정신을 번쩍 차렸다.

지구 개로 변신하면 가장 끔찍한 점이 인간들이 허락도 받지 않고 마구 접촉한다는 것이다. 지구인들은 개와 고양이 같은 털북숭이들만 보면 만지고 싶어서 안달을 낸다.

바바는 몸을 부르르 떨었다. 다행히 대호는 토토를 더 쓰다듬지 않았다. 어느새 게임의 세계로 푹 빠져 버렸다.

"현재까지 분석 결과 대호는 제거할 만큼 위험하지 않다. 집에 있는 시간도 짧고, 게임만 한다. 게임은 폭력적이지만 현실에서 아우린을 위협힐 민한 요인은 아직 발견하지 못했다."

바바의 판단에 따라 대호의 아우린 본부 임시 거주를 허락하기로 했다.

아우린들은 평온을 되찾고 각자의 일상으로 돌아갔다. 오로라는 미용실로, 아싸는 학교로, 라후드는 소파 위로, 바바는 통신실로 돌아갔다.

바바는 행성에 보낼 비밀 보고서를 작성해야 했다. 하지만 눈앞에 자꾸 게임 장면이 아른거려 한 줄도 쓸 수 없었다. 총과 대포. 아무리 가상 세계지만 폭력적인 무기로 생명을 잔인하게 죽이며 재미를 느끼는 야만적인 게임. 아우레에서는 생각할 수도 없는 일이었다.

높은 이성이 지배하는 아우레 행성에서는 전쟁과 살인이 사라진 지 오래되었다. 생명을 고통스럽게 죽이는 폭력적인 무기는 박물관에서도 찾아볼 수 없었다. 그렇다고 생명을 제거할 방법이 없지는 않았다. 고통 없이, 본인도 느끼지 못하는 사이에 간단하게 목숨을 제거할 수 있었다. 한꺼번에 많은 생명을 제거하는 것도 가능했다. 예를 들면, 지구의 바다 생물 전체를 없애거나 인간종 전체를 소리도 없이 사라지게 만드는 것 같은.

바바는 그런 최첨단 무기를 가지고 지구에 왔다. 아우레 행성을 위해서라면 그 무기를 쓸 수도 있다. 하지만 지금, 바바가 쓰고 싶은 무기는 그것이 아니었다. 바바의 눈앞에 어른거리는 무기는…….

바바는 벌떡 일어나 밖으로 뛰쳐나갔다.

대호가 밀린 잠을 자는 동안 아우린들은 안전한 2층 통신방에 모였다. 라후드는 스마트폰을 꼭 쥐고 부르르 떨었다.

"스마트폰에 중독될까 봐 무서워. 임무를 위해 꼭 필요한데 어쩌지?"

"높은 이성의 아우린들은 쉽게 중독되지 않는다. 지구인들은 특히 사춘기 때 중독이 잘 된다. 사춘기의 뇌는 강력하고 새로운 자극에 더 민감해서 게임 중독, 스마트폰 중독, 담배 중독 등에 더 잘 빠진다."

아싸의 설명을 들으며 오로라는 바바를 바라보았다.

"그럼 바바는 어떻게 된 거냐?"

보고서 20

지구인들은 쉽게 중독된다

 2019년 9월 28일   아우레 7385년 27월 41일 작성자: 오로라

지구 사건 개요

* 편의점 루이 동생 대호가 아우린 본부에서 함께 지내는 중. 사춘기라는데, 지구인들 사이에서도 위험한 존재라고 함. 대원들이 돌아가며 감시하고 있음.
* 대호는 총 쏘는 것을 좋아함. 하지만 게임 속에서만 총을 쏨. 실제로 총을 가지고 있지는 않은 것으로 보임.
* 대호 때문에 바바 역시 게임에 빠져듦. 대호와 바바는 경쟁이라도 하듯 게임 방에서 나오지 않았음. 결국 대호가 쓰러짐. 바바의 게임 중독 때문에 탐사대 임무에 지장이 생길까 매우 걱정됨.
* 지구 음식 치킨의 힘을 확인함. 대호는 치킨 냄새를 맡더니 스스로 방문을 열고 나옴. 이 마법의 음식을 앞으로도 지켜봐야 함. 활용할 일이 있을지 모름.

맛있다!

지구인들이 중독되는 이유

- 본부에 침투한 사춘기 지구인이 얼마나 위험한지는 아직 확인하지 못함. 하지만 다른 지구인들처럼 비이성적인 것은 확실함. 쓰러지기 직전까지 게임만 계속했음.
- 지구인의 뇌는 즐거운 일을 하면 '도파민'이라는 물질을 분비함. 이때 기분이 좋다고 그 일만 계속하면, 나중에는 도파민이 나와도 뇌에서 흡수하지 못해서 즐겁다고 느끼지 못함. 즐거움을 느끼려면 훨씬 큰 자극이 필요하기 때문에 점점 집착하게 됨. 이런 과정을 거쳐 일상생활에 방해가 될 정도로 한 가지 일에 집착하는 것을 '중독'이라고 부름.
- 지구인의 중독은 사춘기만의 문제가 아님. 위니 원장이 틈만 나면 떡볶이를 먹거나 쇼핑을 하는 것도 중독의 일종. 심지어 위니 원장의 휴대폰으로는 시도 때도 없이 쇼핑을 유도하는 메시지가 전달됨. 쇼핑에서 벗어나려야 벗어날 수가 없음.

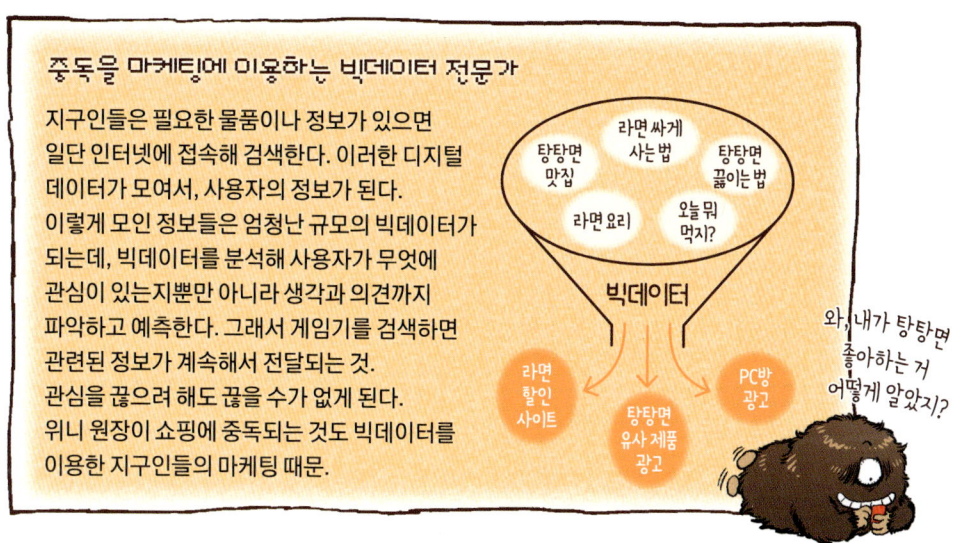

- 대호 같은 사춘기 지구인들이 중독에 훨씬 더 쉽게 빠지긴 함. 도파민이 성인보다 많이 분비돼 자극에 민감하게 반응하기 때문임. 게임이나 인터넷, 스마트폰, SNS 등 분야는 다양함. 지구에는 아우레에 없는 자극이 많기 때문에, 절대 방심할 수 없음.

지구인에게 음식은 매우 중요하다

- 지구에서 음식은 다른 사람에게 다가가기 위한 수단이 됨. 써니는 우리가 처음 본부를 세운 날 치킨을 들고 방문했고, 줍줍할매는 틈만 나면 음식을 들고 찾아옴.
- 치킨은 지구인들이 가장 좋아하는 음식 중 하나. 음식을 먹을 때마다 건강을 염려하는 지구인들도 치킨은 매우 좋아하는 것 같음. 하지만 프라이드치킨 한 마리의 열량은 1,500~2,000kcal 정도로, 성인이 하루에 필요로 하는 열량과 맞먹음. 지구인들이 기피하는 트랜스 지방도 많음.
- 몸에 해로운 것들을 잔뜩 섭취한 지구인들은 몸에 좋은 영양제도 따로 챙겨 먹음. 이것들은 아우린의 음식처럼 캡슐이나 알약의 형태로 제공됨. 그러나 지구인들이 약의 형태로 모든 에너지를 섭취하지 않는 이유는 음식물을 씹는 저작 운동을 중요하게 생각하기 때문임. 저작 운동이 뇌 기능을 활성화시키고 노년층의 치매 예방에도 좋다는 실험 결과도 있음.

지구인들은 게임을 좋아한다

- 게임은 지구인들이 자주 하는 '놀이' 중 하나. 지구인들에게 돌멩이나 분필, 고무줄 등을 주면 뭐든 하고 놂. 심지어 음식으로도 게임을 할 수 있음. 2019년 지구에서는 컴퓨터와 휴대폰, 인터넷을 사용한 게임이 널리 퍼져 있음.
- '2019 세계 게임 시장 보고서'에 따르면 게임 시장 규모는 약 178조 5,000만 원. 라후드가 좋아하는 1,500원짜리 탕탕면을 120,000,000,000개 살 수 있는 액수임.
- 게임에 빠진 청소년들은 혼날 확률이 매우 높음. 게임에 중독되면 현실과 가상 세계를 구분하지 못해 현실에서 사고를 치는 경우가 있기 때문. 잘못된 행동을 한 뒤에 게임에서처럼 리셋이 가능하다고 생각하는 것임.
- 지구의 게임이 뇌 발달에 긍정적인 영향을 미친다는 연구 결과도 있음. 특히 온라인 전략 게임처럼 생각을 필요로 하는 게임은 단기 기억 능력과 추론 능력, 제어 능력을 향상시키고, 액션 게임은 순발력과 행동력을 향상시킨다고 함. 정말로 그런지는 알 수 없음. 게임에서 빨리 움직인다고 실제 환경에서도 빨리 움직일 것 같지는 않음.

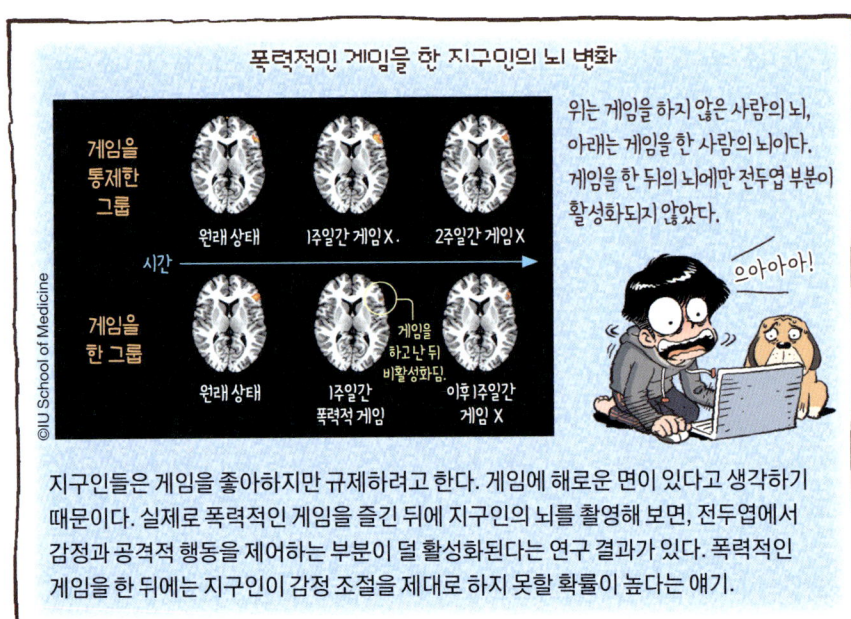

지구인들은 게임을 좋아하지만 규제하려고 한다. 게임에 해로운 면이 있다고 생각하기 때문이다. 실제로 폭력적인 게임을 즐긴 뒤에 지구인의 뇌를 촬영해 보면, 전두엽에서 감정과 공격적 행동을 제어하는 부분이 덜 활성화된다는 연구 결과가 있다. 폭력적인 게임을 한 뒤에는 지구인이 감정 조절을 제대로 하지 못할 확률이 높다는 얘기.

2

유니의 우정 귀걸이

사춘기 지구인은
무리에 속하기 위해 애쓴다

금 사장은 아침이 두려웠다. 매일 아침 너무 힘든 임무가 금 사장을 기다렸다. 큰딸 유니를 깨우는 일이었다.

금 사장은 늘 다정한 목소리로 사랑하는 딸들을 깨워 왔다.

"유니야, 써니야. 일어나자~. 학교 가야지~."

몇 번 부르면 아이들은 부스스 일어나 등교 준비를 했다.

그런데 작년쯤부터였을까? 아무리 불러도 유니가 일어나지 않았다. 겨울잠을 자는 곰처럼 꼼짝을 하지 않았다. 흔들어 깨우면 짜증을 냈다. 깨우기를 포기하면, 아빠 때문에 지각이라며 막 신경질을 냈다.

어떻게 하면 유니를 무사히 깨울까?

"언니한테 그거 틀어 줘 봐요. CTS 신곡 뮤비."

금 사장은 유니가 가장 좋아하는 아이돌 그룹의 뮤직비디오를 틀고 간절히 기도했다.

"CTS, 제발 유니를 깨워 줘."

유니는 감지도 않은 머리를 고데기로 쫙쫙 펼 시간은 있으면서 밥 먹을 시간은 없었다. 딸에게 사과 한 조각이라도 먹이고 싶은 위니 원장이 대신 드라이를 해 줬다. 하지만 20년 경력의 미용실 원장도 사춘기 딸을 만족시키지 못했다.

"앞머리가 이게 뭐야. 엄마 때문에 늦겠어. 수지 기다린다고."

유니는 짜증을 내며 뛰쳐나갔다.

　대호는 유니네 반에서 가장 떠들썩한 애였다. 아우린 본부에서의 과묵한 모습은 어른들과 있을 때의 모습이고, 친구들 사이에서는 완전히 달랐다. 수업 시간에 우스갯소리도 많이 하고, 축구를 잘하고, 게임도 잘해서 인기가 많은 아이였다.

　유니도 대호가 좀 웃겼다. 몰려다니는 친구들의 별명을 생선 이름으로 짓고, 생선파라며 바보짓을 하고 다니는 게…….

　생선파는 참치, 곰치, 갈치, 꽁치, 멸치 다섯 명이다. 참치는 키가 제일 큰 대호고 두 번째로 큰 애는 곰치, 다음이 갈치, 제일 작은 애가 멸치… 가 아니라 꽁치네?

유니는 교실 뒤에서 떠드는 생선파를 돌아보았다. 대호는 큰 소리로 화재 사건을 떠벌리고 있었다.

"참치 쟤, 회장한테 혼날 줄 알았어."

서연이가 속삭였다. 유니는 다시 한번 대호 쪽을 돌아보았다. 뺀질거리며 남의 말을 참 안 듣는 대호지만 회장 말은 잘 들었다. 회장이 참치를 잡아먹는 범고래라도 되는 것처럼 말이다.

그날 학교가 끝나고, 유니와 친구들은 특별한 곳에 들렀다. 수지와 서연이 자주 가는 반짝반짝 예쁜 귀걸이 가게! 수지와 서연은 종종 이 가게에서 똑같은 귀걸이를 사서 똑같이 걸고 온다. 그때마다 소외되는 기분이 들었던 유니는 귀를 뚫기로 결심했다. 엄마가 허락하지 않았지만 뭐 어때! 진정한 우정을 위해서라면 그 정도 희생은 필요한 거다.

단짝 친구 셋이서 똑같은 귀걸이 하기! 유니가 바라는 진정한 우정이었다. 금속 알레르기쯤은 가뿐히 이겨 낼 진정한 우정!

유니는 용감하게 소리쳤다.

"저, 귀 뚫어 주세요."

유니도 조금 걱정이 되었다. 양쪽 귓불은 빨갛게 부어올랐다. 살짝만 건드려도 소스라치게 아팠다. 괜히 뚫었나 후회도 되었다. 하지만 친구들과 함께 고른 귀걸이를 보자 걱정은 스르르 사라졌다.

엄마한테 죽을 뻔했지만 살아났음 ㅋㅋ

유니는 친구들에게 카톡을 보내고 침대에 벌렁 드러누웠다.
"으악!"
유니는 벌떡 일어나고 말았다. 귓불이 베개에 닿아서 끔찍하게 아팠다. 그 순간 울린 친구들의 메시지가 아니었으면 엉엉 울 뻔했다.

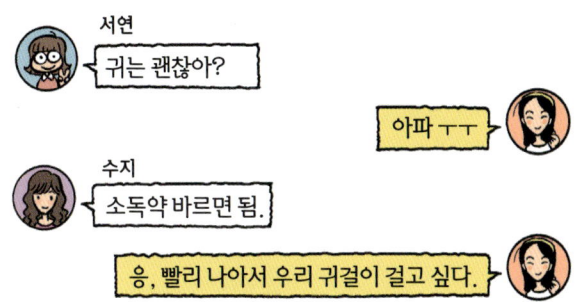

하지만 소독약을 바른다고 해결될 일이 아니었다. 욱신욱신, 염증은 점점 더 존재감을 키웠다. 며칠이 지나자 유니 혼자는 감당할 수 없을 정도가 되어 버렸다.

"엄마, 나 어떡해."

위니 원장은 혹처럼 퉁퉁 부은 유니의 귓불을 보고 어이가 없었다.

"당장 귀걸이 빼. 알레르기 때문이잖아."

"싫어. 어떻게 뚫었는데 그냥 빼! 지금 빼면 막힌다고."

유니는 되레 화를 냈다.

"어휴, 내가 못살아."

한바탕 손님이 지나가고 난 미용실에는 위니 원장의 한숨 소리가 가득했다. 오로라는 신경 쓰지 않고 청소에 열중했다. 위니 원장이 먼저 말을 걸었다.

"집에 누구 와 있다면서요? 유니랑 같은 반 남자애."

"진짜 이상해. 우리 때도 그랬나? 완전 친구밖에 모르고, 부모를 무슨 적으로 알고……. 이상한 애가 되어 버렸어요. 아이들은 커 가는 거고, 사춘기 지나야 어른이 되고. 그거야 다 알지만 지켜보기 괴로울 때도 있다니까요. 어휴, 써니까지 사춘기 외계인이 되면 정말 서운할 것 같아."

보고서 21
지구인들에게는 친구가 중요하다

2019년 10월 2일   아우레 7385년 27월 61일   작성자: 오로라

지구 사건 개요

* 사춘기는 지구인 모두가 겪는 시기. 지구인마다 그 모습이 비슷한 듯 다름. 대호와 같은 사춘기 지구인인 유니의 중독 주제는 친구로 보임. 친구들과 비슷해지기 위해 억지로 귀를 뚫고 고통을 참는 중.
* 사춘기 지구인이 가장 두려워하는 것은 친구 관계, 사춘기 지구인을 가장 두려워하는 것은 그들의 부모. 위니 원장과 금 사장은 유니 때문에 하루 종일 안절부절못함.
* 갑자기 돌변하는 써니의 행동 변화로 볼 때 곧 아싸도 지구인 사춘기처럼 행동해야 함. 1,500년 전 아싸는 닥치는 대로 정보를 습득하는 중독 증상이 있었음. 지구 사춘기의 증상 중 하나가 중독이라면, 아싸는 당시 지구의 사춘기와 비슷한 시기였을 것으로 해석됨. 사춘기를 맞아야 하는 아싸가 공부에 중독되는 것이 지구인스럽게 보일지 연구할 예정.

지구인에게 친구란

* 지구의 생물들은 사회적인 그룹을 만들고, 자신과 같은 그룹 안의 상대방에게 좋은 감정을 가짐. 지구인뿐만 아니라 지구의 쥐나 개미, 새들도 마찬가지임. 매우 자연스러운 현상이며, 아주 극단적이기도 함. 지구인들은 이러한 내집단 중 개인적으로 가까운 상대를 친구라고 부름.
* 지구인들은 보통 학교에서 함께 공부하거나 뛰어놀거나 밥을 먹으며 친구를 사귐. 지구인들에게는 무엇이든 함께하는 시간이 중요함. 특히 사춘기 지구인들에게는 이것이 우정의 핵심. 그래서 화장실도 같이 가려 하고, 하기 싫은 놀이를 억지로 하기도 하며, 먹고 싶지 않은 음식을 함께 먹음.

친구의 수를 세는 공식, 던바의 수

- 지구인들은 가끔 친구의 수를 물어봄. 친구의 수로 사회성을 평가하려고 함. 하지만 대부분의 지구인들은 친구가 몇 명이냐는 질문에 바로 대답하지 못함. 간혹 어디까지를 친구의 범주에 넣어야 할지 헷갈려 함. 이 때문에 지구인들은 친구의 수를 세는 공식을 만들어 놓았음.
- 모든 비밀을 털어놓을 수 있는 정말정말 친한 친구는 5명, 절친이라고 할 수 있는 친구는 15명, 좋은 친구는 35명, 그리고 친구라는 이름을 붙일 수 있는 지구인은 150명임. 나머지는 그냥 아는 사람들일 뿐.

  > 완전 절친이 5명? 절친은 15명? 내 절친은 수지랑 서연이뿐인데…;

- 지구인에게 150이라는 숫자는 원시 부족의 부족민 수, 효과적인 전투를 위한 군인의 수, 하나의 조직에서 관리 가능한 숫자와 같다고 함. 지구인 중에서 친구가 150명보다 많은 사람은 사회적 천재이거나 하루 종일 SNS에 매달려 있는 사람일 확률이 높음.
- 아우레 탐사대도 지구에서 친구를 사귀고 있음. 라후드가 대호를 집에 데려온 것도 친구라면 그렇게 해야 하는 것이었음. 하지만 완전 절친 5명에게는 모든 비밀을 말해야 한다면, 친구를 만들지 않도록 노력해야 함. 우리의 실체를 밝힐 순 없음.

증표와 장신구

지구인들이 귀걸이 같은 장신구를 사용하는 이유는 아름다워 보이고 싶기 때문. 유니와 친구들처럼 장신구를 우정의 상징으로 생각하거나, 커플들의 반지처럼 사랑의 증표로 생각하는 경우도 있다. 아주 오래전부터 지구에서 장신구는 부와 권력의 상징으로도 여겨져, 신분이 높거나 부자였던 사람들은 돈이 되는 장신구를 무덤까지 하고 갔다. 이 때문에 그들의 무덤은 도둑들에게 파헤쳐지기도 했다.

아프리카 어떤 부족의 여성들이 겹겹이 하는 목걸이는 부의 상징이다. 많을수록 부자임. 근데 목 아프지 않을까?

지구인들의 거울 사랑

- 사춘기 유니는 하루에 평균 2시간 16분 동안 거울을 봄. 잠자는 시간을 제외하면 하루의 13%를 거울과 함께 보내는 셈. 이것은 사춘기 지구인들이 편도체와 시상 및 전반적인 시각 영역이 활성화 상태가 되기 때문이라고 함.
- 지구인들의 감시 장소로 이용하는 위니 미용실에는 거울이 많음. 지구인들이 거울을 보는 평균 횟수(여자 34회, 남자 27회)에 비해 더 많이 볼 수 있음. 그러나 지구 미용실의 거울에는 실물보다 5% 날씬해 보이는 것 외에는 아무런 기능이 없음. 체온이나 감정 상태, 고객의 과거 기록 등의 정보는 제공되지 않음. 그래도 지구인들은 앉아 있는 내내 거울을 봄.
- 지구인들은 엘리베이터 안에도 거울을 설치해 놓고 틈틈이 거울을 봄. 이 경우 지구인들은 거울을 보느라 엘리베이터가 가는지 마는지, 느린지 빠른지 신경을 덜 쓴다는 연구 결과가 있음. 엘리베이터 성능 향상보다 지구인의 심리 파악에 더 집중하는 지구인들임.
- 지구인이 자꾸 거울을 보는 이유는 현재 자신의 모습을 보기 위해서임. 지구인들은 거울에 비친 자신의 모습을 보는 것만으로도 더 나은 행동을 하려고 노력하게 됨. 도둑이 자주 등장하는 곳에 거울을 설치하면, 스스로의 잘못된 행동에 놀라 도둑질을 덜 하게 된다는 것. 거울로 보기 전에는 자신이 무엇을 하는지 몰랐다는 것일까?

거울 속 자신만을 사랑한 남자, 나르키소스

아주 오래전부터 지구인들은 거울을 보며 시간을 보냈다. 시간이 어찌 가는지 모를 정도. 지구인들의 이야기 중 아주 오래되고 유명한 "그리스 로마 신화" 속 나르키소스라는 남자 역시 마찬가지. 그는 스스로의 아름다운 미모에 빠져든 나머지, 누구의 마음도 받아 주지 않았다. 결국 거울 속 자신만을 사랑하는 벌을 받고 만다. 절대 거울과 떨어질 수 없는 운명이 됨.

3

점심시간 축구 시합

사춘기 지구인의 슬기로운 학교 생활

유니는 비명을 지르며 미용실로 뛰어 들어왔다.

"아줌마, 엄마 없어요? 저 귀가 떨어져 나갈 것 같아요. 막 피고름이 나와요. 너무 아프고요."

유니의 귓불에서는 죽은 세균과 죽은 면역 세포가 엉킨 누런 노폐물이 흘러나오고 있었다. 오로라는 한 발짝 물러섰다. 지구인과의 단순 접촉도 싫은데 세균투성이 분비물이라니······.

"아줌마는 이런 적 없어요? 이럴 땐 무슨 약을 발라야 해요? 어떡해요. 엉엉."

하지만 아픈 중학생 지구인을 외면하면, 지구인이 아니라는 오해를 받을 수 있다. 오로라는 어쩔 수 없이 위니 원장이 손을 다쳤을 때 발랐던 소독약과 연고와 반창고를 꺼내 유니에게 접근했다.

다음 날 아침, 유니는 퉁퉁 부은 양쪽 귓불에 약을 듬뿍 바르고 나가 수지와 함께 학교에 갔다. 유니는 거의 매일 아침 등굣길에 수지를 기다렸다.

하지만 수지는 유니가 조금만 늦어도 기다려 주지 않았다. 처음에 유니는 서운한 마음이 들어 따져 물었다.

당연하지! 그 정도도 이해 못 하면 친구가 아니지!

유니는 아침밥도 거르고 서둘러 나왔다. 수지가 기다리면 안 되니까. 여전히 수지는 가끔 유니를 기다리게 했지만…….

'남자애 때문에 친구를 버린 거야?'

유니는 속이 부글부글 끓었다.

수지는 자주 이런 식이었다. 어쩌다 친구가 실수하면 절대 안 봐주면서 자기한테는 한없이 너그럽다. 언제나 자기 행동에만 정당한 이유가 있다. 친구니까 참고 참았지만, 이번에는 한마디 해야겠다.

유니는 메시지 창에 불만을 다다다다 적었다.

너무해! 말도 없이 먼저 가는 게 어딨냐? 난 한 번도….

잠깐! 갑자기 유니의 손가락이 멈췄다. 알 수 없는 불안감이 확 유니를 덮쳤다.

'혹시, 수지가 나한테 화났나?'

수지는 어제도 먼저 갔다. 엄마 차를 타고 간다고 했다. 오늘은 연락도 없이 먼저 가 버리고. 대호는 그저 핑계고 사실은 유니에게 삐쳤거나 화난 게 아닐까?

유니는 안절부절못한 채 길가에 서서, 자신이 수지한테 뭘 잘못했는지 생각하고 또 생각했다. 하지만 아무리 생각해 봐도 수지가 뭐 때문에 화가 났는지 알 수 없었다.

　유니는 학교에서 내내 수지의 눈치를 보았다. 말도 없이 먼저 학교에 가 버려서 서운했다는 얘기는 꺼내지도 않았다. 혹시 나한테 화났냐고도 물어보지 않았다.

　'감정이 상할 때마다 따지고 들면 친구 관계를 유지할 수 없지.'

　유니는 특히나 수지처럼 예민한 친구를 잘못 건드렸다가는 자기만 외톨이가 될 거라고 생각했다. 수지가 삐쳐서 유니랑 안 놀겠다고 하면 수지랑 서연이가 단짝이 될 것만 같았다. 수지는 서연이를 놓치지 않으려 할 테고, 마음 약한 서연이는 수지를 거부하지 못할 테니까.

학기 중간, 이렇게 애매한 시기에 친구 무리에서 떨어지면? 상상만 해도 끔찍해서 유니는 몸서리를 쳤다.

'수지한테 더 잘해 줘야지. 그럼 다 잘될 거야.'

유니는 점심시간에 밥을 먹다 말고 비상금 만 원을 팔랑팔랑 흔들었다.

서연이가 기분 좋게 호응해 줬다. 하지만 수지는 대답도 하지 않았다. 수지의 관심은 온통 뒤쪽 생선파에게 쏠려 있었다.

'수지가 정말 화났나?'

유니는 불안한 마음을 꼭 숨기고 다정하게 물었다.

"수지야, 넌 뭐 먹을래?"

"아, 조용히 좀 해 봐."

수지가 퉁명스럽게 말했다.

사방이 순식간에 조용해졌다.

남자아이들은 다 축구를 하러 나갔다. 딱 한 사람 빼고.

유니는 혼자 느긋하게 밥을 먹는 혜성을 쳐다보았다. 어쩌면 저렇게 잘 먹지? 친구들이 자기만 놔두고 우르르 나가 버렸는데. 어떻게! 혼자서! 밥을! 잘 먹을 수 있을까? 혼자 밥을 먹으라고 하면, 유니는 창피해서 한 입도 더 못 먹을 것 같았다.

갑자기 멸치가 뛰어 들어왔다.

"혜성아, 축구 안 할래?"

"응. 안 할래."

"같이 하자. 우리 반이 한 명 부족해서 그래."

멸치의 부탁에도 혜성은 고개를 저었다.

"자리만 채워 주면 되는데. 안 될까? 참치가 꼭 한 명 더 데려오랬는데……, 응?"

멸치는 거의 울상이 되었다.

혜성이 한숨을 푹 쉬면서 자리에서 일어났다.

"어휴, 알았어, 알았어. 나가 준다."

"야, 빨리 먹자."

수지가 친구들을 재촉했다. 유니가 활짝 웃으며 물었다.

"매점 가게? 뭐 먹을래?"

"아니, 운동장. 축구 구경."

유니는 어이가 없었다. 매점에 가자고 할 때는 대답도 없더니 축구라고?

"축구우~? 매점 가자아~."

서연이도 축구에는 관심이 없었다. 서연이는 천천히 젓가락질을 하며 유니를 쳐다보았다. 매점 가자고 말하라는 눈치였다.

하지만 유니는 숟가락을 내려놓고 수지를 따랐다.

"그, 그래. 축구 보러 가자. 매점은 지금 너무 복잡할 거야."

수지가 활짝 웃으며 유니의 팔짱을 꼈다.

"우리 먼저 나갈게. 넌 천천히 먹고 나와."

놀란 서연이도 식판을 내던지다시피 반납하고 쫓아왔다. 혼자서 밥을 먹으면 큰일이라도 난다는 듯이…….

보고서 22
지구인들은 긍정을 긍정하고 부정을 부정한다

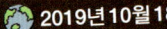 2019년 10월 18일 아우레 7385년 28월 68일   작성자: 바바

지구 사건 개요

* 유니는 오늘도 친구 때문에 기분이 오락가락. 자신의 불안한 마음 때문에 가족들에게 공격적으로 화풀이를 함.
* 유니는 친구에게도 공격성을 드러내고 싶어 했지만, 마지막 순간 절제하는 데 성공했음. 사춘기 지구인에게 가장 두려운 존재는 친구라는 또 다른 증거. 그러나 유니의 친구인 수지는 유니만큼 친구에게 조심하지 않음. 지구인들의 친구 관계는 공평하지 않은 듯.
* 대호는 아우린 본부에서 드러내던 공격성이 학교에서도 발휘됨. 그러나 대호보다 한발 앞서 공격을 한 혜성에게 KO패.

부정에 크게 반응하는 지구인의 뇌

- 지구인들은 일반적으로 거절의 표현에 민감하게 반응함. 예민한 사람들은 거절당했을 때 참지 못함. 지구인들에게 부정적인 정서는 생존과 연결되어 있다고 함. 먹으면 죽는 음식이라거나 실행하면 위험한 행동 등이 부정적인 내용이라 그런가 봄.
- 거절에 유난히 민감한 사람들이 있음. 이들은 주변 사람들에게 거절당할까 봐 두려워하고 거절당하기도 전에 거절을 상상하며 괴로워함. 아직 닥치지 않은 일을 걱정하는 것과 비슷한 듯. 이렇게 거절을 지나치게 두려워하는 사람들은 사회생활에도 문제가 있음.
- 하지만 지구인에게 거절은 필요한 의사소통 수단임. 거절을 못 하는 지구인은 불필요한 요구까지 끌어안아 스트레스가 높고, 심하면 우울증도 걸림. 거절해야 하는 상황에서는 확실히 거절하는 것이 본인에게도 좋은 방법임.

부탁을 거절하지 않는 지구인들

지구인들은 생각보다 부탁을 잘 들어준다. 무거운 걸 함께 들어 달라는 부탁부터, 그냥 장난치고 싶어서 그러니 도서관 책에 낙서 좀 해 달라는 말도 안 되는 부탁까지 다!
지구인들이 남의 요청을 들어주는 것만으로도 뿌듯함을 느껴 기분이 좋아지고, 반대로 거절했을 경우 상대방과 불편한 관계가 될까 봐 거절을 싫어하는 것. 미국의 정치가 '벤저민 프랭클린'은 라이벌과 친해지기 위해 일부러 부탁을 만들어서 했을 정도임.

지구의 생명체는 운동이 필요하다

- 생선파와 친구들은 운동을 매우 즐기는 편. 틈만 나면 축구를 하며 염분과 지방산, 요소 따위가 가득한 땀을 분비함. 만약 운동을 하지 않았다면 몸속에 있을 노폐물이므로, 운동을 하는 것은 건강에도 좋을 것 같음.

- 사춘기뿐만 아니라 지구인들은 어릴 때부터 대체로 뛰어다님. 태어난 지 18개월 정도 지나면서부터 걷고 뛰기 시작해, 써니나 준 같은 초등학생 때까지 지구인들은 매우 많이 뜀.

- 지구인들은 운동을 권장함. 운동이 신체를 건강하게 만들어 주고, 운동으로 근육량이 늘어나면 비만도 줄일 수 있기 때문임. 특히 사춘기 아이들은 운동을 통해 뼈가 단단해져야 부상 위험을 낮출 수 있다고 함. 심지어 엔도르핀을 분비시켜 우울증을 예방하고 스트레스 해소에도 도움이 됨. 아주 좋은 것임.

- 다른 지구 생명체들도 운동이 필요함. 지구의 반려견이 집에서 온갖 것들을 물어뜯거나 강아지들끼리 싸운다면, 활동량이 부족하기 때문이라는 진단을 내릴 확률이 높음. 이때의 해결책은 야외에서 충분히 뛰게 하는 것. 지구의 다른 생명체들 역시 에너지 발산이 필요함.

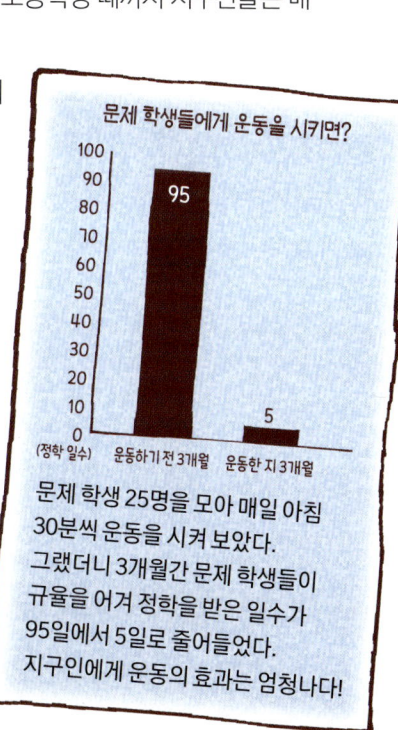

문제 학생들에게 운동을 시키면?

문제 학생 25명을 모아 매일 아침 30분씩 운동을 시켜 보았다. 그랬더니 3개월간 문제 학생들이 규율을 어겨 정학을 받은 일수가 95일에서 5일로 줄어들었다. 지구인에게 운동의 효과는 엄청나다!

지구인은 주변인들의 생각과 반대되는 말을 하지 못한다

- 지구인들은 자신의 생각과 반대되는 말을 많이 함. 매점에 가고 싶어도 운동장에 가고 싶다고 말하고, 괜찮다고 생각하는 친구에 대해 다른 친구의 생각을 따르느라 부정적으로 말하기도 함.
- 지구인들이 이렇게 주변의 의견에 따라 생각이나 말을 바꾸는 것은 '동조 현상' 때문임. 자기가 속한 집단에 따르고 싶어 하는 마음. 집단에서 배척당할까 봐 두려워서 무조건 동조함. 친구들과의 유대감이 중요한 사춘기 지구인에게 특히 심함.

지구인들의 눈치 보기, 동조 현상 실험

주변 사람들의 의견이 자신과 다를 때, 지구인이 얼마나 자신의 생각을 제대로 말 못 하는지에 대한 실험이 있다. 지구인들이 사전에 짜고 한 사람을 속이기로 했다. 문제는 단순하다. 왼쪽과 똑같은 길이를 가진 선을 찾는 것. 정답을 찾았는가?

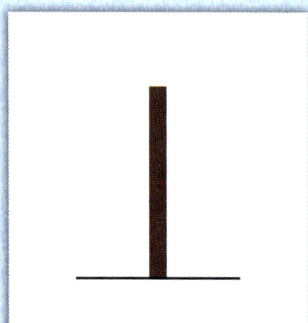
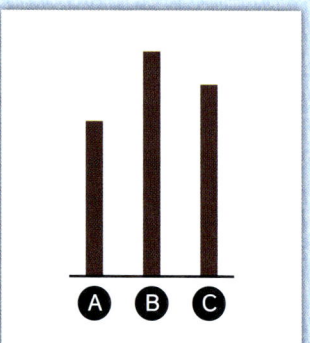

누가 봐도 정답은 C이다. 그러나 주변 사람들이 A가 똑같다고 말하는 순간, 지구인들은 흔들린다. 눈과 뇌는 정확히 C를 답이라고 생각하는 경우에도 마찬가지. 그리고 다른 사람들의 의견에 따라 자신의 답을 슬그머니 바꾼다.

잠깐만…, 다들 A라고 했단 말이야.

4

라후드의 새로운 아르바이트

갑자기 싸우고 갑자기 화해하는 지구인들

드라마를 보며 지구인을 탐구하던 라후드는 새로운 영역에 도전했다. 바로 지구 음식 탐구. 라후드는 매일 새로운 음식을 탐구하고, 아우린이 그 음식에 적응할 수 있을지 알아보았다. 아우레 탐사대 중 오직 라후드만이 할 수 있는 위험한 임무였다. 그런데 라후드의 임무 수행에 큰 문제가 생겼다.

아우레에서는 행성인들이 필요한 모든 것을 행성 중앙 센터에서 지급했다. 지구에서는 필요한 모든 것을 돈을 내고 사야 한다. 돈은 일을 해서 벌어야 하고. 지구인들은 그것을 경제 활동이라고 불렀다. 경제 활동을 하지 않는 어른 지구인은 종종 필요한 것을 얻지 못했다. 지금의 라후드처럼.

　게임왕 피시방 주인은 건실한 청년 루이가 추천하는 라후드가 마음에 딱 들었다. 피시방은 온갖 다양한 사람들이 드나드는 곳이다. 아주 가끔이지만 손님들 사이에서 문제가 발생하기도 했다. 그럴 때 라후드처럼 듬직한 직원이 있다면 험악한 분위기를 금방 가라앉힐 것이다!

　라후드도 피시방이 마음에 들었다. 돈도 벌고 지구 문명 탐구도 마음껏 할 수 있으니까.

라후드가 일하게 된 게임왕 피시방은 생선파의 아지트였다.

대호는 게임 중독 중학생답게 틈만 나면 피시방에 갔다. 생일이라서, 용돈이 생겨서, 시험을 잘 봐서, 시험을 못 봐서, 친구랑 싸워서, 날씨가 좋아서, 비가 와서, 기분이 나빠서…….

오늘은 점심시간 이후로 계속 짜증이 나서 피시방에 가기로 했다.

"아유, 짜증 나. 왜 이렇게 짜증이 나지?"

대호는 이유를 생각해 보려다, 머리를 쓰면 더 짜증이 날 것 같아서 그만두었다. 아무 생각 없이 왕창 깨부수고 나면 나아질 테니.

"야, 게임왕 가자."

"좋~지!"

대호만큼이나 게임 중독 증상이 심한 생선파 중학생들은 피시방이라면 무조건 찬성이었다. 점심시간에 축구를 하다 말아서인지 덜 논 것 같았다.

그런데 게임왕 피시방의 건물 앞에서 대호가 대뜸 멸치를 막아섰다.

"넌 빠져. 오늘은 2대 2로 할 거야."

"어? 왜……."

멸치의 얼굴이 확 달아올랐다.

"왜 그래?"

"그냥 같이 가자."

친구들이 말려 보았지만, 대호는 끝까지 고집을 부렸다.

"싫어. 그냥 싫다고."

대호는 끝까지 멸치를 무시하고 피시방으로 들어갔다. 조무래기 생선들은 입을 다물었다. 대호가 괜한 심통을 부린다는 걸 알지만, 더 말리다가는 오늘 제대로 못 놀 수도 있다.

"아유, 쟤 성격 참……."

곰치는 투덜거리면서도 대호를 따라 올라갔다.

"미안."

"내일 봐."

갈치와 꽁치도 쪼르르 뒤를 따랐다.

멸치만 혼자 남았다.

멸치는 주먹을 꽉 쥐었다. 손을 펴면 눈물이 팍 터질 것 같았다.

"참치 쟤는 뭐 기분 나쁜 일 있었나? 잘 놀다가 왜 갑자기 심통이야?"

멸치는 누구 들으라는 듯 중얼거렸다.

하지만 그 말은 사실이 아니었다. 누구보다 멸치가 잘 알았다. 참치는 늘 멸치를 무시하고 따돌렸다. 때리거나 대놓고 왕따를 시키거나 심부름을 시키지는 않았지만, 무시하는 건 확실했다. 자기는 대장이고 멸치는 졸개처럼 여겼다. 기분이 좋을 때는 잘 대해 주었지만, 조금만 짜증이 나거나 기분이 나쁘면 멸치에게 풀었다.

오늘도 축구하다 혜성이랑 붙어서 기분 나빴으면서 멸치에게 화풀이를 하는 중이다. 구경하는 애들도 있었는데 우스운 꼴을 당해서 화가 단단히 난 것 같았다. 학교에서도 내내 짜증을 내며 멸치의 의자를 툭툭 건드리고, 복도에서 목을 조르는 시늉을 했다. 남들 보기에는 똑같은 장난처럼 보일지 몰라도 멸치는 안다. 대호의 기분에 따라 장난의 강도가 달랐다. 오늘 같은 날은 정말 숨이 턱 막히는 느낌이었다.

대호뿐만이 아니었다. 생선파의 다른 친구들도 은근히 멸치를 무시했다. 참치가 괜히 멸치에게 화를 내도 멸치 편을 들지 않았다. 못 본 척하거나 참치 편을 들었다. 참치의 눈 밖에 나면 멸치 신세가 될까 봐 알아서 기었다. '멸치가 뭔가 짜증 나게 했겠지.'라며 편한 대로 생각하기도 했다.

이렇게 치사한 애들이랑 친구라고 어울려야 하나? 생선파에서 확 나가 버릴까? 욱해서 생각했다가 멸치는 금방 고개를 저었다.

'다른 친구들이라고 뭐 다르겠어? 그래도 대놓고 따돌리거나 때리지는 않잖아. 평소에는 잘해 주니까 내가 더 잘하면 나아질 거야.'

멸치는 숨을 크게 들이마셨다. 조심스럽게 피시방으로 따라 들어갔다.

대호는 멸치를 보자마자 대뜸 소리부터 질렀다.

"난 저쪽에서 혼자 할 거야. 방해 안 할게."

멸치가 비굴하게 웃으며 말했지만, 대호는 마우스까지 집어 던지며 더 크게 소리를 질렀다.

"아, 싫다고! 나가라고!"

대호가 벌떡 일어나며 소리쳤다.

"야! 도망가자!"

라후드의 괴력에 놀란 아이들은 대호를 따라 우르르 피시방 밖으로 뛰어나갔다. 멸치는 가운데 어정쩡하게 서 있었다. 따라갈 수도, 안 따라갈 수도 없었다.

"빨리 나와. 완전 사이코패스야!"

대호가 멸치를 향해 소리쳤다.

잠깐 망설이던 멸치는 생선파를 쫓아 나갔다.

라후드는 다시 멸치를 부르러 오는 대호도, 대호를 쫓아 나가는 멸치도 이해할 수 없었다.

보고서 23
사춘기 지구인은 때로 폭력적이다

🌍 2019년 10월 19일 🪂 아우레 7385년 28월 73일 작성자: 라후드

지구 사건 개요

* 탐사대가 큰 위기에 빠짐. 돈으로 모든 것을 살 수 있는 지구에서 돈이 부족함. 오로라 혼자 버는 돈으로는 나(라후드)의 지구 문명 탐구를 위한 지구 음식 구매 비용을 감당할 수 없게 됨.
* 루이의 소개로 지구의 모든 종류의 라면이 있고 모든 드라마 채널에 접속할 수 있는 피시방 아르바이트를 소개받음. 원하는 것이 모두 다 있고, 심지어 돈도 벌 수 있음. 최고의 공간.
* 그러나 피시방에도 공격적인 지구인들이 등장함. 대호는 집에서보다 친구들과 있을 때 공격성이 더 드러나는 것으로 보임. 아무것도 아닌 일로 싸우고, 갑자기 화해함.

난폭하게 구는 사춘기의 뇌

- 사춘기 지구인은 위험하다는 루이의 말을 이해함. 대호는 자신의 말을 따르지 않는다는 이유로 분노를 표출하고 친구를 위협함. 특히 남자아이들은 편도체를 자극하고 공격성을 띠게 하는 호르몬인 테스토스테론의 분비가 많아져 더 심한 편.
- 지구인 부모들도 걸핏하면 친구들과 싸우고, 조금만 잔소리를 해도 소리를 지르거나 문을 거칠게 닫고 방으로 들어가는 사춘기 지구인들을 이해하지 못함.
- 사춘기 지구인의 폭력적인 반응은 지구인의 뇌가 자라는 속도 때문임. 감각을 받아들이고 즉각 반응하는 부위인 편도체가 먼저 발달하고, 신중히 생각하고 행동하는 전두엽은 사춘기 시기를 거치며 천천히 발달함. 이 때문에 전두엽이 아직 편도체를 조절할 힘이 형성되지 않아, 어떤 상황에 맞닥뜨렸을 때 생각해 보지도 않고 행동하는 것임.

부정에 더 민감하게 반응하는 사춘기의 뇌

사춘기 지구인들은 다른 사람의 감정을 판단할 때도 전두엽 대신 편도체가 먼저 활성화된다. 게다가 다른 사람의 표정을 부정적으로 해석할 확률이 더 높다. 그래서 무표정하거나 슬픈 표정을 혐오의 표정으로 이해하기도 한다. 다른 사람이 자신을 싫어한다는 생각도 쉽게 해서, "왜 그렇게 쳐다봐?"라는 말로 싸움을 시작할 확률이 높아지는 것.

사춘기 지구인이 유난히 더 폭력적인 이유?

- 폭력을 휘두르는 어떤 사춘기 지구인은 친구가 자신의 욕을 하고 다녀서 친구를 때렸다고 말함. 자기 욕을 하는 상황은 절대 참지 못함. 자신을 욕하는 사람을 나쁜 사람이라고 규정해 버리는 것임.
- 이에 반해 성인들은 다양한 일들을 겪고, 또 폭력은 옳지 않으며, 폭력을 휘둘렀을 경우 자신이 겪게 될 피해가 더 크다는(오히려 자신이 맞거나, 경찰서에 가해자로 잡혀가거나 등) 판단을 할 수 있게 되어, 같은 상황에서도 폭력을 쓸 확률이 낮아짐.
- 스트레스 상황에서 분비되는 코르티솔 호르몬은 사춘기가 시작되는 시기에 급격히 많아짐. 학교에서 친구들과 있었던 일을 부정적인 방향으로 회상하고 상상하는 것만으로도 스트레스가 매우 높아짐. 문제는 스트레스 때문에 코르티솔의 양이 증가하면 밤에 잠도 잘 못 잠.
- 지구의 사춘기는 급격히 성장하는 시기로 성인에 비해 그만큼 더 많은 에너지가 필요하고, 수면도 더 많이 필요함. 그러나 사춘기 지구인들은 학교 가느라 아침에는 일찍 일어나고 밤엔 고민하거나 친구와 수다 떨거나 게임을 하거나 아주 가끔은 공부를 하느라 늦게 잠. 여기에 코르티솔 호르몬이 많아지면 숙면도 못함. 이 때문에 잠이 부족해지면 피곤해서 자기 조절력과 주의력이 떨어지고, 사회적 관계에서 또 문제가 생김. 악순환의 반복.

음악은 도파민과 옥시토신을 분비해 기분을 좋게 만든다.

구불구불 미로 찾기

힘센 라후드를 피해 피시방에서 뛰쳐나온 대호!
과연 어디로 가는 걸까?
미로를 통과해서 얼른 다음 장으로 넘어가자고~!

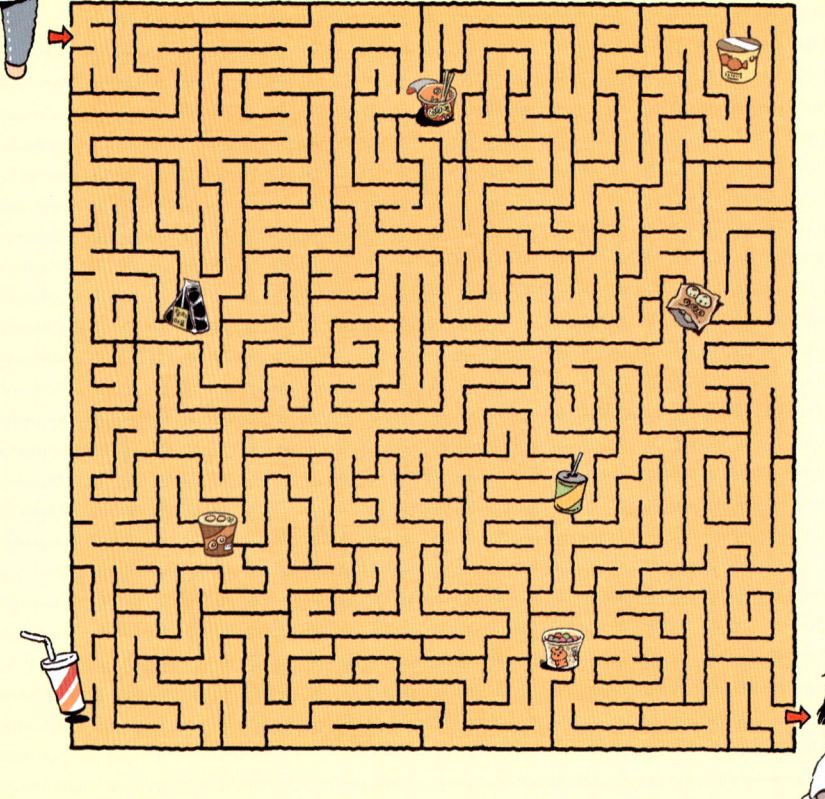

5

위험천만
스케이트보드 대결

이성적 판단이 마비되는 순간

생선파는 피시방에서 나와 전속력으로 뛰었다. 다행히 무서운 아저씨는 쫓아오지 않았다. 잔뜩 겁을 먹은 중학생들은 루이 형이 일하는 편의점에 도착해서야 마음을 놓았다.

"괜찮냐?"

대호가 거친 숨을 몰아쉬며 물었다. 곰치, 갈치, 꽁치가 고개를 끄덕였다.

"시원한 거 가져올게."

대호는 형이 일하는 편의점이 마치 자기 집인 양 음료수를 골라 나왔다. 멸치는 슬쩍 대호의 눈치를 보았다. 대호가 골라 온 음료수 중에는 멸치가 즐겨 마시는 파란 스포츠 음료도 있었다. 아이들은 음료수를 마시며 피시방 사건을 떠들었다.

"근데 참치 너, 그 아저씨네 집에서 산다며? 계속 살 거야?"

꽁치가 물었다. 대호는 고개를 절레절레 흔들었다.

"절대 아니지. 그렇게 이상한 사람들과는 못 산다고 벌써 형한테 말했어."

"그럼 어디서 지낼 건데?"

순간 대호의 눈동자가 흔들렸다. 대호는 마땅히 갈 데가 없었다. 생선파한테 며칠 재워 달라고 부탁할 수도 있겠지만 참치 체면이 있지, 그런 지질한 사정까지 말하고 싶지 않았다.

"갈 데야 많지. 형이 하도 부탁해서 거기 있어 준 거야. 너희 과자도 먹을래? 아니면 아이스크림?"

대호는 일부러 더 밝게 목소리를 높였다.

수지는 유니더러 대호를 꼭 붙들고 있어 달라고 했다. 지금 당장 나가겠다며……. 유니는 친구를 위해서라면 얼마든지 그럴 수 있었다. 하지만 어떻게?

'느닷없이 가서 같이 놀자고 해? 컵라면이라도 사 준다며 시간을 끌어? 그랬다가 내가 자기들 중 누구를 좋아한다고 생각하면 어떡해!'

그렇다고 대호를 그냥 보낼 수는 없었다. 잘만 하면 수지의 화가 완전히 풀릴 기회였다. 수지가 뭐 때문에 화가 났는지 정말 화가 났는지는 몰라도, 어쨌거나 풀리면 좋은 거 아닌가?

유니는 발을 동동거리다 라후드네 집으로 뛰어 들어갔다.

멋지게 스케이트보드 타는 아이를 본 순간 대호는 가슴속에 작은 불꽃이 솟는 것 같았다. 그 아이가 자신의 말이 통 먹히지 않는 혜성이라는 것을 확인하자 불꽃은 폭탄처럼 화르르 번졌다.

대호는 여덟 살 때 처음 스케이트보드를 탔다. 겁도 없고, 운동 신경도 좋아서 금방 능숙해졌다. 어린 대호가 화려한 발동작을 뽐내며 묘기를 부리면 구경하던 사람들이 다 감탄을 했다. 대호는 그 박수 소리가 좋아서 스케이트보드 학원까지 등록했다.

하지만 학원에 다니면서 재미가 뚝 떨어졌다. 어려운 기술을 배우느라 연습하는 시간은 길어졌는데, 주변의 감탄은 점점 줄어들었기 때문이다. 여덟 살은 넘어지지만 않아도 칭찬을 받지만, 3학년쯤 되면 꽤 고급 기술을 선보여야 박수를 받았다. 인정받으려면 더 잘해야 했고, 더 잘하려면 연습을 더 많이 해야 했다. 힘들어 죽겠는데!

그러던 어느 날 팔이 부러진 대호는 그날로 스케이트보드를 그만두었다. 딱히 후회도 안 했다.

"취미? 스케이트보드. 선수 될 뻔했잖아!"

친구들에게 허세를 부리는 걸로 충분했다.

하지만 혜성의 멋진 모습을 보자 대호의 피가 화르르 끓어올랐다.

혜성이 대호의 자존심을 건드렸다.

"쳇, 날 뭐로 보고!"

대호는 보드 위로 가볍게 올라갔다. 발이 저절로 움직였다. 아직 실력이 죽지 않았다.

그날 밤 바바는 몰래 통신실에 들어가 아우레 행성에 비밀 보고서를 보냈다.

모든 지구인들은 사춘기라는 시기를 거친다.
사춘기 지구인들은 가뜩이나 낮은 이성이 제대로 작동하지 않아
예측이 불가능한 사고를 일으킨다.
아우린과 함께 살기에 위험한 존재들이다.
그러므로 이렇게 위험한 시기를 겪는 지구인을
모두 제거하고 지구를 차지해야 한다.

- 비밀 요원 바바 -

보고서 24
지구인들은 위험한 행동을 일삼는다

🌍 2019년 10월 20일   아우레 7385년 29월 5일   작성자: 바바

지구 사건 개요

* 지구의 공원에서 스케이트보드라는 지구인들의 놀이를 관찰함. 지구의 바퀴 달린 탈것들은 주로 멀리 가기 위한 도구지만, 스케이트보드는 자신들의 모험심을 시험하기 위한 것으로 보임.
* 지구인들은 스케이트보드를 타기 위해 전혀 인체 공학적이지 않고, 자연의 이치와도 맞지 않게 움직이려고 함. 지구의 중력을 무시한 채 자꾸 공중으로 뛰어오름. 운동 에너지를 위치 에너지로 바꾸기 위해 땀을 뻘뻘 흘리며 노력함.
* 지구인의 모험심 실험은 결국 사고로 마무리됨. 과학적 판단을 했다면 당연한 결과인데, 사춘기 지구인들은 어리석게도 위험한 도전을 감행함.

사춘기 지구인이 위험한 행동을 하는 이유

- 스케이트보드는 매우 위험한 놀이로 보였음. 평소에는 일어나지도 않은 일로 걱정하느라 시간과 에너지를 낭비하는 지구인들이 스케이트보드를 탈 때는 왜 전혀 걱정을 안 하는지 이해할 수 없음.
- 특히 사춘기 지구인들은 이러한 위험 행동을 더 많이 함. 지구인들 역시 사춘기 아이들이 유난히 위험한 행동에 도전하는 이유에 대해 연구하였고, 여기에 '개인적 우화' 때문이라는 설명을 해 놓았음. 그들은 자신이 특별한 존재라고 생각하기 때문에, 쉽게 죽거나 다치지 않는다고 생각한다는 것. 액션 영화에서 주인공은 총알이 비 오듯 날아오거나 높은 절벽에서 떨어져도 죽지 않는 것처럼, 자신을 액션 영화의 주인공이라고 생각함.

지구인의 스포츠 프리러닝

어떤 지구인들은 맨몸으로 건물 사이를 넘고, 가파른 절벽을 내달린다. 실제로 사망 사고가 일어날 수도 있는 대단히 위험한 모험임에도 스포츠라고 부른다. 대호의 스케이트보드가 이보다 안전할까?

©Ja-hatten / Wikimedia Commons

- 또 사춘기 지구인들은 지구에 있는 모두가 자신을 쳐다보고 있다고 생각함. 그러니 스케이트보드는 멋있게, 폼 나게 타야 하고, 슈퍼마켓에 갈 때도 차려입어야 함. 사실은 아무도 그들을 보고 있지 않고, 누구도 그들에게 관심 없는 경우가 대다수. 심지어 슈퍼마켓 주인은 누가 다녀갔는지 알지 못할 확률이 높음.

지구인의 경쟁 심리

- 지구인들이 이렇게 위험한 행동을 즐기는 이유는 일종의 경쟁 심리 때문임. 친구들끼리의 사소한 내기부터 노래 잘하는 사람을 뽑는 텔레비전 프로그램, 음식 잘하는 사람에게 주는 별 스티커, 다양한 운동을 만들어 각 종목의 우승자를 가리는 스포츠 대회, 그리고 각종 기네스 대결까지 지구인들은 생각할 수 있는 모든 주제에 경쟁 구도를 만들어 놓음. 경쟁이 생활의 일부분임.
- 지구인들이 자꾸 경쟁을 하는 이유는, 경쟁에서 승리했을 때 뇌의 보상 체계가 활성화되기 때문. 기분 좋을 때 분비되는 도파민은 경쟁에서 이겨도 분비됨. 경쟁해서 이기는 것을 좋아하는 뇌 구조임. 또 지구의 생명체들은 진화의 과정 중 경쟁에서 이긴 생명체들이 살아남았기 때문에, 생존을 위해 이기려고 하는 DNA를 가지고 있음.
- 아우레 행성의 유일한 경쟁은 "새로운 행성의 흔적 찾기"를 하는 외계문명탐구클럽의 회원들뿐임. 이들은 행성 탐사 멤버가 되기 위해 운석이 쏟아지는 보호막 바깥으로의 외출을 서슴지 않음. 이것이 지구인들이 말하는 중독이라면, 외계문명탐구클럽 회원들에 대한 면밀한 감시가 필요함. 지나친 경쟁은 위험 행동으로 이어질 수 있음.

지구인들의 무모한 도전

- 지구인들은 호기심이 많음. 궁금한 건 물어보고, 답을 찾지 못하면 찾을 때까지 알아봄. "유럽에서 가장 빠른 새는 무엇일까?"라는 질문으로 시작된 기네스 대회는 60년 넘게 이어지며 도전 정신 가득한 지구인들이 매해 새로운 기록들을 채우고 있음.
- 지구에서 가장 빠른 새, 가장 긴 동굴, 가장 높은 산, 가장 오래 산 사람, 가장 오래 산 나무 등은 궁금할 만함. 머리카락이 가장 긴 사람, 손톱을 가장 길게 기른 사람, 가장 많은 수의 도미노를 쌓은 사람도 도전 의식이라고 볼 수 있을지도 모름.(아우린으로서는 절대 이해되지 않음. 대체 이런 시간 낭비를 왜 하는지 알 수 없음.)
- 그러나 지구인들은 티셔츠 많이 껴입기(무려 250장 이상을 입을 수 있다.), 몸에 벌 많이 붙이기(벌에게 쏘이면 죽을 수도 있음. 벌 8만 마리를 자신의 몸에 달라붙게 한 지구인이 있다.), 눈으로 우유 분출하기(무려 2.8m를 날아가게 한 지구인이 있다.), 가장 높은 높이에서 가장 얕은 물로 뛰어내리기(11.56m 높이에서 30cm 깊이의 물로 뛰어내린 지구인이 있다.) 등으로도 경쟁함.
- 이렇게 어려운 도전으로 기네스 상을 받게 되면 거액의 상금을 받고 텔레비전에 출연해서 꽤 유명해질 수도 있음. 목숨을 내놓을 만큼 위험한 일도 있지만, 이러한 보상이 지구인들의 도전 의식을 자극하는 듯.

가장 높은 데서 뛰어내린 기네스 기록

지구 대기권 위 39km 높이에서 뛰어내린 지구인도 있다. 우주복 등 각종 장치의 성능 테스트를 위해서였지만, 만약 이 지구인이 도중에 기절했다면? 끔찍한 결과가 나왔을 것. 지구인들은 위험한 줄 알면서도 꼭 이렇게 도전을 한다.

6

보스의 인생을 바꾼 멘토

무턱대고 접근하는 지구인을 조심하라

라후드의 동네에 수상한 사람들이 나타났다. 외계인 추적자들과 그들의 보스다. 보스는 날카로운 눈을 번득이며 수상한 동네를 구석구석 누볐다. 윤박과 검은 양복은 무시무시한 보스의 뒤를 졸졸 따랐다.

"여기. 저기. 거기."

보스가 긴 손가락으로 외계인이 숨을 만한 곳들을 가리키면 윤박이 새로 만든 추적 장치를 갖다 댔다. 반응은 전혀 없었다.

"외계인, 도대체 어디 숨은 거야?"

보스는 폭발 직전이었다.

"저 아이는… 저 아이는……."

보스는 아싸에게서 눈을 떼지 못했다.

윤박이 재빨리 물었다.

"지구인의 탈을 쓴 외계인일까요?"

"떽! 그게 상처받은 아이에게 할 소리야? 저 아이는 소외된 영혼이야! 가엾은 것."

보스는 버럭 소리를 치고는 아이들 쪽으로 달려갔다.

아이들은 편의점 앞 테이블에 앉아 있었다. 써니와 준은 컵라면을 앞에 두고 나란히 앉아 떠들고 있었다. 아싸 빼고 자기들끼리만 조잘조잘.

아싸는 조금 떨어진 의자에 홀로 앉았다. 라면도 없이, 축 늘어진 앞머리로 두 눈을 거의 가린 채.

'친구를 코앞에 두고 따돌려? 잔인한 아이들!'

보스는 아이들을 무섭게 쏘아보고는 아싸에게 다가갔다.

"얘야, 너도 라면 먹을래? 과자는? 아이스크림은? 먹고 싶은 거 있으면 다 말해. 편의점을 통째로 사 줄 수도 있어."

검은 양복과 윤박은 한 번도 들어 보지 못한 부드럽고 다정한 목소리였다.

"안 먹어요."

아이는 보스의 눈길을 피했다. 상처를 많이 받은 아이의 전형적인 반응이군! 보스는 마음이 아팠다.

"아무도 믿지 못하는 아이야, 나도 이럴 때가 있었다! 이젠 걱정 마라."

보스의 두 눈에서 눈물이 주르르 흘렀다.

보스는 어린 시절, 외계인을 만나는 게 소원이었다. 별똥별이 떨어질 때마다 외계인을 만나게 해 달라고 빌었다. 열 살 때, 보스는 드디어 소원을 이루었다. 별똥별에 소원을 빌다가 진짜 외계인을 만났다.

외계인은 어린 보스의 상상과 너무 달랐다. 보스는 너무 놀라 기절을 하고 말았다.

여섯 시간 뒤 깨어났을 때, 어린 보스의 피부는 60살은 더 먹은 것처럼 쭈글쭈글해졌다. 보스가 보았던 외계인과 똑같아졌다. 충격을 받은 보스는 또다시 기절해 버렸다.

다시 눈을 떴을 때 외계인은 흔적조차 남아 있지 않았다. 하지만 보스의 몸은 주름투성이 그대로였다. 용하다는 온갖 병원을 찾아다니며 검사한 결과, 몸속 장기는 열 살 아이 수준인데 피부만 늙었다고 했다.

"외계인들이 대체 뭘 한 거지? 나를 왜 이렇게 만든 거야? 미워! 용서하지 않을 테야."

보스는 그토록 기다렸던 외계인을 미워하기 시작했다.

그날 이후 어린 보스의 인생은 완전히 바뀌었다. 친구들은 늙어 버린 외모가 징그럽다며 보스를 피했다. 외계인 때문이라고, 보스의 잘못이 아니라고 말했지만 소용없었다. 아이들은 거짓말쟁이라는 비난까지 하며 보스를 따돌렸다. 보스는 끔찍한 지옥에 빠진 기분이었다.

보스는 점점 학교를 빼먹었다. 그러던 어느 날, 무작정 버스를 타고 종점까지 갔다가 커다란 호수에 놓인 출렁다리를 발견했다. 보스는 무엇에 홀린 듯 긴 다리의 한가운데로 걸어갔다. 출렁출렁 흔들흔들. 한 걸음 내디딜 때마다 다리는 아슬아슬 떨렸다. 보스는 다리 밑을 쳐다보다가 그만 주저앉았다.

'으악, 무서워.'

보스는 두 눈을 꽉 감았다.

"저기, 학생."

누군가 말을 걸었다. 할머니도 아니고, 괴물도 아니고, 외계인도 아닌 학생이라고 부르면서…….

"내가 친구이자 멘토가 되어 줄게요."

보스는 마음이 뻥 뚫리는 것 같았다. 지금까지 어린 보스의 말을 믿어 준 사람도, 부럽다고 말해 준 사람도 없었다. 억울하고 답답해서 미칠 것 같았던 보스의 마음은 스르르 녹았다. 외계인을 만난 이후 절망에 빠져 있던 마음에 희망이 샘솟았다.

정쌤을 만난 이후, 어린 보스는 열심히 공부했다.

어린 보스는 열심히 운동도 했다. 혼자서 할 수 있는 놀이를 찾아, 우울해지지 않으려고 했다.

어른이 된 보스는 우주 과학과 관련한 회사를 세워 돈을 많이 벌었다. 지금은 그 돈을 탈탈 털어 외계인을 추적하고 있다. 외계의 신호를 탐색하는 전파 연구소에 몰래 스파이를 심고, 외계인 추적 팀도 운영하고 있다.

'이 모든 게 정쌤 덕분이에요. 저는 꼭 외계인을 다시 만날 거예요.'

무시무시한 보스에게는 외계인을 찾는 것 말고 또 다른 꿈이 있었다. 정쌤처럼 상처받은 영혼의 멘토가 되어 주는 것.

"아이야, 사춘기 시절 자신을 믿어 주는 사람이 단 한 명만 있어도 힘을 내어 살아갈 수 있단다. 너를 따돌리는 이 못된 친구들은 무시하고 나를 따르렴. 내가 너를 믿어 주고, 인정해 주고, 도와주고, 지켜 줄게!"

보스는 스스로에게 감동해서 눈물이 났다. 그 눈물 한 방울이 아싸의 손으로 똑 떨어졌다.

아싸는 재빨리 보스의 눈물을 닦아 냈다. 도대체 지구인들은 왜 이렇게 다른 생명체에 가까이 접근할까? 체액이 튀면 전염병을 옮길 수 있는데……. 아싸는 냉정하게 말했다.

"할머니의 체액이나 잘 관리해 주세요."

보스는 고마워하지는 못할망정 쌀쌀한 아싸의 반응에 당황해 말을 더듬었다. 아싸는 관심도 없다는 듯 집으로 가 버렸다. 지구인의 체액이 떨어진 자리를 깨끗이 소독하기 위해.

보고서 25

무턱대고 접근하는 지구인을 조심하라

🌍 2019년 10월 29일   🪂 아우레 7385년 29월 50일   작성자: 아싸

지구 사건 개요

* 새로운 외계인 추적자가 나타남. 자주 보던 외계인 추적자와 함께 아우린들이 사는 동네를 순찰하는 것 같았음. 새로운 지구인은 이유 없이 나를 끌어안았고, 심지어 자신의 체액이 남에게 닿는 것을 전혀 주의하지 않았음.
* 무엇보다 이상한 것은 새로운 지구인의 체액에서 아주 소량의 외계 방사선이 감지되었다는 것. 외계인 추적자와 함께 다니는 지구인은 모두 조심해야 함.

지구인들은 포옹을 좋아한다

- 지구인들은 다양한 방법으로 감정을 표현함. 웃거나 울거나 화내거나 짜증 내는 등. 아주 반갑거나 좋을 때는 옆에 있는 사람을 끌어안음. 지구인의 끌어안음(포옹)은 상대방을 편안하게 하고 위로를 주기 위한 행동임. 단어의 어원 자체가 그렇다고 함. 그러나 이것은 지구인들 사이의 문제. 아우린에게는 전혀 편안하지 않은 신체 접촉.

- 지구인들이 자꾸 포옹을 하는 이유는 포옹이 불러오는 호르몬의 변화 때문. 좋아하는 사람과 포옹한 지구인들의 뇌에서는 옥시토신과 엔도르핀이 나와 잠도 잘 자고, 걱정도 없어지고, 심지어 기억력까지 좋아진다고 함. 하지만 낯선 사람을 껴안을 때는 스트레스에 대처하는 호르몬인 코르티솔을 분비함. 낯선 이와의 포옹을 위협으로 느낀다는 의미.

©Ryan Dickey / Wikimedia Commons

비슷한 듯 다른 프리허그와 만원 지하철

사진 속 지구인들은 포옹하고 있는 것이 아니다. 지구인들은 포옹을 즐기지만, 어쩔 수 없이 다른 사람과 가까워져야 하는 순간은 지구인들에게도 괴로운 일. 사람이 많은 지하철에서는 지구인들이 낯선 사람과 유지하고 싶어 하는 거리인 70~100cm가 전혀 지켜지지 않는다. 지구인들은 친한 사람들도 40cm 간격 안으로 들어오면 부담스러워한다.

©gettyimagesbank

지구인의 체액을 피하라

- 지구인은 몸에서 눈물, 콧물, 침 등 다양한 체액을 분비함. 체액 속에 포함되어 있을 수 있는 유해한 바이러스에 노출되지 않도록 주의해야 함. 지구인에게는 큰 문제를 일으키지 않는 바이러스도 아우린에게는 치명적일 수 있음.

- 심지어 지구인들도 체액을 더럽다고 생각하는 경우가 많음. 이상한 것은 똑같은 침이라도 어떤 침은 더럽다 하고 어떤 침은 전혀 개의치 않음. 예를 들어, 큰 소리로 말하는 사람이 침 한 방울만 튀겨도 더럽다고 난리를 치지만, 사랑하는 사람 사이에서는 침을 질질 흘려도 뭐라 하지 않음.
- 각종 체액에 노출될 수 있는 상황을 분석해 보았음. 예상치 못한 순간에 지구인의 유해한 바이러스에 접촉하지 않도록 유의하기 바람.
  ★ 완전 숙면 중인 지구인(앉아서 고개를 떨구고 있다면 확률 매우 높아짐.)
  ★ 감정 통제 불능인 지구인(지나치게 웃거나 우는 행동 모두 위험함.)
  ★ 감기 걸린 지구인(체액에 위험한 바이러스 함유 확률 매우 높음. 무조건 피할 것.)

뇌가 말랑해지는 시간 2

나는 사춘기일까? 사춘기 체크리스트

내게도 사춘기가 올까? 이미 사춘기인 건 아닐까?
사춘기 체크리스트를 통해
나의 사춘기 지수를 확인해 보자!

1. 친구들이 산 옷은 나도 사고 싶다. ☐
2. 좋아하는 이성 친구가 생겼다. ☐
3. 나도 모르게 부모님께 자꾸 짜증을 낸다. ☐
4. 가족보다 친구들과 함께 있는 것이 즐겁다. ☐
5. 방에 있을 땐 아무도 방해하지 않으면 좋겠다. ☐
6. 손에서 핸드폰을 놓을 수 없다. ☐
7. 아주아주 사소한 것에도 쉽게 화가 난다. ☐
8. 샤워는 30분 이상이 기본이다. ☐
9. 불쑥불쑥 화가 났다가도 금방 괜찮아진다. ☐
10. 늦게 자고 늦게 일어난다. ☐
11. 부모님과 이야기가 통하지 않는 것 같다. ☐
12. 거울 보는 시간이 늘었다. ☐
13. 모든 일이 귀찮고 지루하다. ☐
14. 몸에 대한 관심과 궁금증이 커졌다. ☐

3개 이하 사춘기는 아직 멀리 있어~.
4~7개 곧 사춘기가 오겠는걸?
8~11개 사춘기 지구인이 확실해!
12~14개 한창 사춘기를 겪고 있어. 인생의 특별한 시기를 지나고 있음을 잊지 말 것!

7

아싸와 유니의 고민 상담

누구에게나 고민은 있다

통신 장비는 정상이었다. 바바가 고장 난 장비를 벌써 수리한 것이다. 지구에는 없는 물질 오튬을 구해서. 그러고는 지금까지 그 사실을 숨겼다. 왜?

아싸는 여러 가능성을 생각했다.

통신 장비가 완벽하지 않아서? 시험 통신 결과, 아니다.

행성과 교신하고 싶지 않아서? 탐사대는 행성의 지원이 없으면 생존이 불가능하므로, 아니다.

아니면 다른 탐사대원에게 숨길 것이 있어서? 가장 가능성이 높은 이유다. 그렇다면 바바는 '탐사대원의 행동 수칙, 서로에게 비밀이 없을 것'을 어겼다.

아싸는 다음 행동을 고민했다. 바바가 배신자라는 사실을 밝힐까? 그러면 오로라는 당장 바바를 체포할 것이다. 탐사대의 분열은 지구에서의 생존을 위협하는 중대한 사건이다.

"아우레 최고인 내 이성으로도 단숨에 분석할 수 없는 문제라면, 잠시 고민하는 시간을 갖는다. 더 현명한 결정을 위해."

아싸는 모든 것을 원래의 위치에 놓고 조용히 통신실을 나왔다.

"어휴, 정말! 이거 야무는 거 맞아? 이 귀걸이 한번 걸어 보려고 고생을 너무 한다."

유니는 가방 앞주머니를 더듬어 우정 귀걸이를 꺼냈다. 반짝반짝 예쁜 귀걸이 한 짝. 또 한 짝은……? 앞주머니에 손을 넣어 살살이 뒤져 봐도 다른 한 짝은 없었다.

"설마! 나, 우정 귀걸이를 잃어버린 거야?"

유니는 눈앞이 하얘지는 것 같았다.

유니는 교실에 들어가자마자 가방을 거꾸로 뒤집어서 탈탈 털었다. 필통, 파우치, 휴지, 수첩, 스티커, 여러 색깔의 펜 등 온갖 잡동사니가 나왔지만 귀걸이는 없었다.

"수지야, 어떡해. 나 귀걸이 한 짝 잃어버렸나 봐. 우리 귀걸이인데. 한 짝만도 팔까? 벌써 다 팔렸으면 어쩌지?"

유니는 뒷자리에 앉은 수지를 돌아보며 징징거렸다. 수지는 요점 노트를 살피며 무심하게 대꾸했다.

유니는 '우정'을 강조하며 호들갑을 떨었다. 하지만 수지는 버럭 짜증을 냈다.

"아, 진짜. 나 이거 봐야 된다고."

유니는 입을 다물었다. 수지는 시험 때만 되면 굉장히 예민해지니까.

드디어 시험이 끝났다. 결과와 상관없이 유니와 서연이는 폴짝폴짝 뛰며 즐거워했다.

"해방이다! 어서 나가자!"

하지만 수지는 답을 맞춰 보느라 바빴다. 공부도 제일 잘하면서 한 문제, 한 문제가 다 심각했다.

"뭐야, 영어랑 국어는 학원에서 다 배운 것만 나왔는데 역사를… 완전 망쳤어. 너희는 어때?"

유니는 역사만큼은 자신 있었다. 역사 만화책으로 쌓은 기본기에 역사 배경 소설과 드라마로 심화하고, 좋아하는 역사 선생님 수업에 집중한 결과 늘 백 점이었다.

"별로 어렵진 않던데?"

"유니는 역사를 좋아하잖아. 다 맞았을걸?"

그 순간 수지의 얼굴이 벌게졌다.

"백 점? 네가?"

"답은 안 맞춰 봤어. 모르지, 또……."

자신 없는 말투로 대답했지만 유니의 얼굴에 미소가 흘렀다. 수지의 표정은 점점 더 일그러졌다.

"쳇, 말도 안 돼. 나도 두 개 틀렸는데 어떻게 네가 다 맞아? 안 배운 문제도 나왔어. 유니 너, 찍은 것도 다 맞았어?"

"야아, 왜 그래~?"

서연이가 수지를 슬쩍 말렸다.

하지만 유니는 벌써 상처를 받아 버렸다. 아무리 점수에 예민한 수지라도 너무했다. 친구를 그렇게 무시하면 안 되는 거였다. 그럼에도 불구하고 유니는 수지랑 서연이랑 시험 끝난 기념으로 떡볶이를 먹고 노래방까지 갔다 왔다.

아싸는 편의점 앞에 앉아 있었다. 집에는 바바가 있다. 아싸는 바바 문제를 어떻게 할지 아직 결정을 내리지 못했다.
"난 바본가 봐."
유니가 아싸 앞에 털썩 앉았다. 아싸는 벌떡 일어나려다 엉거주춤 멈추었다. 이웃에 사는 지구인이 말을 걸 때 무시하고 가 버리면 외계인 같을까? 아싸가 잠깐 생각하는 사이에 유니는 말을 시작해 버렸다.

일단 수지에 대한 불평을 시작하자 유니는 멈출 수가 없었다. 불만이 이렇게 많았나? 유니는 제 마음을 처음 알았다.

"넌 외계인 같아서 우정이 뭔지도 모르지? 친구 문제로 고민한 적도 없지?"

유니는 아싸에게 의미 있는 대답을 기대하지 않았다.

그저 수지를 모르는 상대에게 답답한 마음을 털어놓고 싶을 뿐이었다.

"나도 비슷한 고민이 있다. 친구 비슷한 생명체가 나를 속였다."

이성도 지성도 한참 낮은 지구인에게 고민거리를 털어놓다니! 아싸는 스스로에게 깜짝 놀랐다. 유니도 아싸에게 깜짝 놀랐다. 친구라고는 필요 없는 것 같은 아싸도 인간관계에 대해 고민을 하다니!

"와, 사람은 다 똑같구나. 천재 외계인 같은 너도 비슷한 고민을 하다니. 반갑다. 암튼 그 사람이 확실히 널 속였니?"

"확실…한 것 같다."

아싸의 대답은 자신이 없었다.

"에이, 확실한 거 아니네. 빙빙 돌리지 말고 직접 물어봐. 왜 그랬냐고."

유니가 시원스럽게 말했다. 아싸도 시원스럽게 말해 줬다.

"누나도 나한테 말고 수지라는 지구인에게 직접 말해라."

이 책을 만든 사람들

정재승 기획

KAIST에서 물리학으로 학사, 석사, 박사 학위를 받았습니다. 예일대학교 의과대학 정신과 박사후 연구원, 고려대학교 물리학과 연구교수, 컬럼비아대학교 의과대학 정신과 조교수를 거쳐, 현재 KAIST 뇌인지과학과 교수로 재직 중입니다. 우리 뇌가 어떻게 선택을 하는지 탐구하고 있으며, 이를 응용해서 로봇을 생각만으로 움직이게 한다거나, 사람처럼 판단하고 선택하는 인공지능을 연구하고 있습니다. 쓴 책으로는 <정재승의 과학 콘서트>(2001), <열두 발자국>(2018) 등이 있습니다.

정재은 글

프로젝트를 진행하는 동안 때로는 아싸로, 때로는 라후드로, 때로는 오로라나 바바로 끊임없이 정신을 분리하며 도서 전체의 스토리를 진행했습니다. 가 본 적 없는 아우레 행성과 직접 열어 본 적 없는 지구인의 뇌를 스토리 속에 엮어 내기 위해 엄청 열심히 공부를 해야 했습니다. 쓴 책으로 <똥핑크 유전자 수사대> <멘델 아저씨네 완두콩 텃밭> <미스터리 수학유령> 시리즈 등 다수의 어린이 책이 있습니다. 머릿속 넓은 우주가 어디로 펼쳐질지 모르는 창의력 뿜뿜 스토리텔러.

김현민 그림

일찍이 유럽으로 시장을 넓힌 대한민국의 만화가. 대학에서 산업디자인을 전공한 뒤 어릴 때 꿈을 찾아 만화가가 되었습니다. 프랑스 앙굴렘 도서전에 출품한 것을 계기로 프랑스 출판사에서 <Archibald 아치볼드>라는 모험 만화를 만들고 있습니다. 인간이 아닌 괴물이나 신기한 캐릭터 등 상상력을 발휘할 수 있는 그림을 좋아합니다. 몸은 지구에서 벗어날 수 없지만, 머릿속은 항상 우주의 여행자가 되고 싶은 히치하이커.

이고은 글

지구인들의 심리를 과학적으로 설명해서 보여 주는 것이 취미이자 특기인 인지심리학자. 부산대학교에서 심리학으로 학사, 인지심리학으로 석사와 박사 학위를 받은 뒤, 강의와 연구를 하고 있습니다. 과학 웹진 <사이언스온>에서 '심리실험 톺아보기' 연재를 시작으로 각종 매체에 심리학을 소개해 왔으며, <마음 실험실>(2019)을 펴낸 과학적 스토리텔링의 샛별.

샤포이 타임즈
5권 미리보기

지구를 방문한 어느 외계인의 기록

샤포이타임즈

우주 최고의 히치하이커, 프샤샤프
변방의 푸른 행성에서 임무 실패!

샤포이 행성 최고의 실력을 갖춘 히치하이커 프샤샤프가 잠적한 지 72l샤포이일 만에 소식을 전했샤. 우리 행성에서 절대 관측할 수 없는 머나먼 은하에서 온 소식. 그러나 이 행성의 생명체는 프샤샤프를 만나자마자 기절해 버렸샤. 기절한 생명체의 의사를 확인할 수 없었던 프샤샤프는 히치하이킹에 실패. 프샤샤프의 히치하이킹 실패는 샤포이 역사상 처음. 프샤샤프의 다음 행보가 궁금하샤!

프샤샤프 방문 행성의 위치

게다가 은하의 변방

이런 은하 중 하나에서 신호 감지. 매우 약함

그리고 푸른색 작은 행성. 이렇게나 외진 행성이라니. 생명체가 있는 게 신기.

관측 가능한 우주: ⓒAndrew Z. Colvin / Wikimedia Commons
은하 모음, 우리은하, 태양계, 우주: ⓒNASA / Wikimedia Commons

방문 행성
은하 중심에서 약 30,000광년 떨어진 우리은하의 변방, 태양계. 그중에서도 아주 작은 세 번째 행성, 지구.

방문 이유
외계 행성의 생명체를 찾는 신호를 감지했샤. 신호에 아무런 내용이 없었샤. 이상했샤. 외계 행성의 생명체에게 오라는 건지, 말라는 건지 알 수가 없었샤. 아무 내용 없는 그냥 신호. 궁금해서 찾아가 봤샤!

특이 사항
신호를 보낸 존재와 만났샤. 머리가 짧고 얼굴에 주름 하나 없는 지구인. 주름이 없다니, 참으로 특이했샤. 주름이 필요해서 우리를 찾은 것? 이 지구인은 우리를 보자마자 기절해 버렸샤. 단 한마디도 해 보지 못했샤.

경과 보고
- 지구의 태양이 지고 달이 뜰 때까지 기다렸으나, 지구인은 깨지 않았샤.
- 제 발로 우주선에 타지 않는 외계 행성인은 우주선에 태울 수 없. ▶동행 탈락
- 샤포인에게서 무엇을 원하는지 알 수 없. ▶▶선물 선택 불가능
- 샤포인이 가진 가장 큰 것을 선물하기로 했샤. (운 좋은 지구 생명체)
▶▶▶ 아름다운 주름을 맘껏 누리며 잘 살라샤!

······ **오늘의 히치하이킹 분석** ······

- 이름 모름
- 나이 모름
- 직업 모름
- 맞방문 여부 모름
- 샤포인 호감도 모름

끝까지 깨지 않음. 아무것도 알 수 없었.
이 행성에 다시 방문할 수 있을지 확신할 수 없었.
(우주에 행성이 얼마나 많은데. 같은 행성 두 번 방문은 시간 낭비)

지구인들의
눈과 귀를 의심하라!
믿을 수 없는 지구인의 감각 이야기

분명 여기가 맞는데……. 수상한 전파가 잡히는 동네를 휘젓고 다니는 보스. 그때, 보스에게 기가 막힌 아이디어가 하나 떠오른다.

"외계인들을 찾아 나설 게 아니라, 외계인들이 오게 만들면 되잖아!"

맛있는 음료와 케이크로 동네 사람들을 모조리 불러 모을 거야! 보스는 아우린들의 동네에 뻔쩍뻔쩍 멋진 보스 카페를 연다.

오픈한 지 얼마 되지 않아, 카페는 엄청나게 유명해진다. 지구인의 감각을 어지럽히는 신기한 음식 때문! 소똥 냄새 나는 케이크부터 뱀 모양으로 똬리를 튼 빵까지. 이렇게 엽기적이고 이상한 음식을 만드는 사람은 바로… 라후드?! 여기서 뭐 하는 거야!

한편, 아우린들은 보고 싶은 대로 보고, 듣고 싶은 대로 듣는 지구인들이 한심하다. 눈앞에 있어도 보지 못하고, 감정에 따라 같은 것도 자기 좋을 대로만 해석하는 지구인들을 이해할 수 없다.

　하지만 이렇게 어리석은 지구인들과 함께하는 비밀 요원 바바의 마음에 작은 동요가 인다.

　'어쩌면 지구인들이……?'

　이런 마음을 아는지 모르는지, 바바를 향한 아싸의 의심은 커져만 간다.

　보스 카페에 취직한 라후드는 과연 무사할 수 있을까? 바바의 마음은 어디로 향하는 걸까? 비밀 요원은 계속 비밀인 채로 있을 수 있겠지?

　믿지 못할 감각을 가진 지구인들과 한 치의 오차도 없는 아우린들의 우당탕탕 지구 살이! 아우린들이 관찰하는 지구인의 **"감각 편"**이 5권에서 이어집니다.

다양한 SNS 채널에서
아울북과 을파소의 더 많은 이야기를 만나세요.

인스타그램
@owlbook21

페이스북
@owlbook21

네이버카페
owlbook21

네이버포스트
아울북 and 을파소

정재승의 인간탐구보고서
04 사춘기 땐 우리 모두 외계인

기획 정재승 | **글** 정재은 이고은 | **그림** 김현민
사진 gettyimagesbank, IU School of Medicine, Wikimedia Commons, 연합뉴스 | **배경설계자** 김지선

1판 1쇄 발행 2020년 8월 18일
1판 13쇄 발행 2025년 11월 26일

펴낸이 김영곤 **펴낸곳** ㈜북이십일 아울북
기획개발 문영 이신지 **프로젝트4팀** 김미희 이해인 **디자인** 한성미
영업팀 정지은 한충희 남정한 장철용 강경남 황성진 김도연 이민재
제작 이영민 권경민

출판등록 2000년 5월 6일 제406-2003-061호
주소 (10881) 경기도 파주시 회동길 201(문발동)
대표전화 031-955-2100 팩스 031-955-2177
홈페이지 www.book21.com

ⓒ 정재승·김현민·정재은·이고은, 2020
이 책을 무단 복사·복제·전재하는 것은 저작권법에 저촉됩니다.

ISBN 978-89-509-8310-9 74400
ISBN 978-89-509-8306-2 74400 (세트)

책값은 뒤표지에 있습니다.
잘못 만들어진 책은 구입하신 서점에서 교환해 드립니다.

- 제조자명 : ㈜북이십일
- 주소 및 전화번호 : 경기도 파주시 문발동 회동길 201(문발동) / 031-955-2100
- 제조연월 : 2025.11.26.
- 제조국명 : 대한민국
- 사용연령 : 3세 이상 어린이 제품

너와 나, 우리들의 마음을 이해하게 도와줄
첫 번째 뇌과학 이야기
정재승의 인간 탐구 보고서 (1~18권)

❶ 인간은 외모에 집착한다
❷ 인간의 기억력은 형편없다
❸ 인간의 감정은 롤러코스터다
❹ 사춘기 땐 우리 모두 외계인
❺ 인간의 감각은 화려한 착각이다
❻ 성은 우리를 다르게 만든다
❼ 인간은 타고난 거짓말쟁이다
❽ 불안이 온갖 미신을 만든다
❾ 인간의 선택은 엉망진창이다
❿ 공감은 마음을 연결하는 통로
⓫ 인간을 울고 웃게 만드는 스트레스
⓬ 인간은 누구나 더없이 예술적이다
⓭ 인간은 모두 호기심 대마왕
⓮ 인간, 돈의 유혹에 퐁당 빠지다
⓯ 소용돌이치는 사춘기의 뇌
⓰ 사랑은 마음을 휘젓는 요술 지팡이
⓱ 음식, 인간의 마음을 요리하다
⓲ 이야기 공장 뇌, 오늘도 풀가동 중!

인류의 과거와 현재를 이어 줄
아우린들의 시간 여행!
정재승의 인류 탐험 보고서 (1~10권)

완간

❶ 위대한 모험의 시작
❷ 루시를 만나다
❸ 달려라, 호모 에렉투스!
❹ 화산섬의 호모 에렉투스
❺ 용감한 전사 네안데르탈인
❻ 지구 최고의 라이벌
❼ 수군수군 호모 사피엔스
❽ 대륙의 탐험가 호모 사피엔스
❾ 농사로 세상을 바꾼 호미닌
❿ 안녕, 아우레 탐사대!